Le M.is de Montfermeil.

LES INCAS,

OU

LA DESTRUCTION

DE L'EMPIRE

DU PÉROU.

LES INCAS,

OU

LA DESTRUCTION DE L'EMPIRE DU PÉROU;

PAR M. MARMONTEL,

Historiographe de France, l'un des Quarante de l'Académie Françoise.

TOME SECOND.

Accordez à tous la tolérance civile, non en approuvant tout comme indifférent, mais en souffrant avec patience tout ce que Dieu souffre, & en tâchant de ramener les hommes par une douce persuasion.

FÉNÉLON, *Direction pour la conscience d'un Roi.*

A PARIS,
Chez LACOMBE, Libraire, rue de Tournon, près le Luxembourg.

M. DCC. LXXVII.

AVEC APPROBATION, ET PRIVILEGE DU ROI.

LES INCAS.

CHAPITRE XXVI.

LA confiance d'Ataliba autorisoit Alonzo à chercher dans son ame le secret de cette tristesse, dont il le voyoit consumé. « Inca, lui dit-il, j'appréhende » que le danger qui te menace, & dont » j'ai voulu t'avertir, ne t'ait frappé trop » vivement ».

« Tu me soulages, lui dit l'Inca, en » interrogeant ma tristesse. Je n'osois t'affli- » ger ; cependant j'ai besoin qu'un ami » s'afflige avec moi. Ecoute. Il s'agit de » mes droits au trône que j'occupe, &

» d'où l'Inca, Roi de Cuſco, s'obſtine à » vouloir me chaſſer. J'aurois beſoin, au- » près de lui, d'un Miniſtre éclairé, & » d'un médiateur habile ; & j'ai jeté les » yeux ſur toi. Veux-tu l'être ? – Oui, » répond Alonzo, ſi ta cauſe eſt juſte. – » Elle eſt juſte ; & tu vas toi-même en » juger. Apprends donc quel fut le génie » de cet Empire dès ſa naiſſance ; dans » quelle vue il a été fondé ; & comment, » deſtiné à s'agrandir ſans ceſſe, il ne » pouvoit, ſans s'affoiblir, n'être pas en- » fin partagé.

» Autrefois ce pays immenſe étoit ha- » bité par des Peuples ſans loix, ſans » diſcipline & ſans mœurs. Errans dans » les forêts, ils vivoient de leur proie, » & des fruits qu'une terre inculte ſem- » bloit produire par pitié. Leur chaſſe » étoit une guerre que l'homme faiſoit à » l'homme. Les vaincus ſervoient de pâ- » ture aux vainqueurs. Ils n'attendoient » pas le dernier ſoupir de celui qu'ils » avoient bleſſé, pour boire le ſang de

» ses veines (*) ; ils le déchiroient tout » vivant. Ils faisoient des captifs, & ils » les engraissoient pour leurs festins abo» minables. Si ces captifs avoient des » femmes, ils les laissoient s'unir en» semble, ou ils rendoient eux-mêmes » leurs esclaves fécondes, & ils dévo» roient les enfans.

» Quelques-uns d'entre eux, par l'ins» tinct de la reconnoissance, adoroient, » dans la nature, tout ce qui leur faisoit » du bien, les montagnes meres des » fleuves, les fleuves mêmes, & les fon» taines qui arrosoient la terre & la fer» tilisoient, les arbres qui donnoient du » bois à leurs foyers, les animaux doux » & timides dont la chair étoit leur pâ» ture, la mer abondante en poissons, » & qu'ils appelloient leur nourrice (**). » Mais le culte de la terreur étoit celui » du plus grand nombre.

(*) *Voyez* Garcil. liv. 1, chap. 12.

(**) *Mama Cocha*, mere mer.

» Ils s'étoient fait des Dieux de » tout ce qu'il y avoit de plus hi» deux, de plus horrible; car il ſemble » que l'homme ſe plaiſe à s'effrayer. Ils » adoroient le tigre, le lion, le vautour, » les grandes couleuvres; ils adoroient » les élémens, les orages, les vents, la » foudre, les cavernes, les précipices; » ils ſe proſternoient devant les torrens » dont le bruit imprimoit la crainte, » devant les forêts ténébreuſes, au pied » de ces volcans terribles qui vomiſſoient » ſur eux des tourbillons de flamme & » des rochers brûlans.

» Après avoir imaginé des Dieux cruels » & ſanguinaires, il fallut bien leur rendre » un culte barbare comme eux. L'un crut » leur plaire en ſe perçant le ſein, en ſe » déchirant les entrailles; l'autre, plus » forcené, arracha ſes enfans de la ma» melle de leur mere, & les égorgea ſur » l'autel de ſes Dieux altérés de ſang. Plus » la nature frémiſſoit, plus la Divinité » devoit ſe réjouir. On croyoit pouvoir

» tout attendre des Dieux à qui l'on » immoloit tout ce qu'on avoit de plus » cher (*).

» Celui dont les rayons animent la » nature, vit cet égarement ; & il en eut » pitié. Il n'eſt pas étonnant, dit-il, que » des inſenſés ſoient méchans. Au lieu de » les punir de s'égarer dans les ténebres, » envoyons-leur la vérité ; ils marcheront » à ſa lumiere. Il ne m'eſt pas plus diffi- » cile d'éclairer leur intelligence que d'é- » clairer leurs yeux.

» Il dit, & il envoie dans ces climats » ſauvages deux de ſes enfans bien-aimés, » le ſage & vertueux Manco, & la belle » Oello, ſa ſœur & ſon épouſe (**).

» Mon cher Alonzo, tu verras l'en- » droit célebre & révéré où ces enfans » du Soleil deſcendirent (*a*). Les Sau- » vages, répandus dans les forêts d'alen- » tour, ſe raſſemblerent à leur voix.

(*) *Voyez* Garcil. liv. 1, chap. 2.

(**) Garcil. liv. 1, chap. 15.

» Manco apprit aux hommes à labourer » la terre, à la ſemer, à diriger le cours » des eaux, pour l'arroſer; Oello inſtruiſit » les femmes à filer, à ourdir la laine, » à ſe vêtir de ces tiſſus, à vaquer aux » ſoins domeſtiques, à ſervir leurs époux » avec un zele tendre, à élever leurs » enfans.

» Au don des arts, ces fondateurs ajou- » terent le don des loix. Le culte du Soleil » leur pere, ce culte inſpiré par l'amour, » fondé ſur la reconnoiſſance, & qui ne » coûta jamais un ſoupir à la nature, ni » un murmure à la raiſon, fut la pre- » miere de ces loix & l'ame de toutes les » autres.

» L'homme, étonné de voir ſi près » de lui des biens qu'il ne ſoupçonnoit » pas, l'abondance, la ſûreté, la paix, » crut recevoir un nouvel être. Ses beſoins » ſatisfaits, ſes terreurs diſſipées, le plaiſir » d'adorer un Dieu propice & bienfai- » ſant, le devoir d'être juſte & bon à ſon » exemple, la facilité d'être heureux, la

» bienveillance mutuelle, le charme en-
» fin d'une innocente & paiſible ſociété
» captiva tous les cœurs. Honteux d'avoir
» été aveugles & barbares, ces Peuples
» ſe laiſſerent apprivoiſer ſans peine, &
» ranger ſous de douces loix. Cuſco fut
» fondée par leurs mains ; cent villages
» l'environnerent (*b*) ; & le vénérable
» Manco, avant d'aller ſe repoſer auprès
» du Soleil ſon pere, vit proſpérer, dès
» ſa naiſſance, l'Empire qu'il avoit fondé.

» Son fils aîné lui ſuccéda (*c*) ; &,
» comme lui, par la douceur, la perſua-
» ſion, les bienfaits, il recula les bornes
» de cet heureux Empire.

» Le fils aîné de celui-ci (*d*) fit reſ-
» pecter ſes armes, mais ne les employa
» qu'à rendre ſes voiſins dociles, ſans
» tremper ſes mains dans leur ſang.

» Son ſucceſſeur (*e*) fut moins heu-
» reux : les Peuples qu'il vouloit gagner
» le forcerent de les combattre (*f*). Le
» premier combat fut ſanglant ; mais le
» vainqueur, par ſes vertus, ſe fit

» pardonner ſa victoire. Sa valeur apprit » à le craindre ; ſa clémence apprit à » l'aimer.

» Le fils aîné de ce héros (*g*) fit des » conquêtes encore plus vaſtes, ſans coû- » ter ni larmes ni ſang aux Peuples qu'il » ſoumit à ſon obéiſſance. Son retour à » Cuſco fut le plus beau triomphe : il y » fut porté par des Rois.

» Les Incas qui lui ſuccéderent (*h*), » furent obligés quelquefois, pour domp- » ter des Peuples féroces, d'aſſiéger leur » retraite, de les y repouſſer, & de leur » laiſſer prendre conſeil de la néceſſité. » Mais nos armes les attendoient, & ne » les provoquoient jamais. On avoit pour » maxime de les abandonner, plutôt que » de les détruire, s'ils s'obſtinoient à vivre » indépendans & malheureux. La paix » alloit au-devant d'eux, toujours indul- » gente & facile, & n'exigeant de ces » rebelles que de conſentir à goûter les » biens qu'elle leur préſentoit (*i*). Enga- » ger le monde à être heureux, fut le

» grand projet des Incas. Un culte pur, » de ſages loix, des lumieres, des arts » utiles étoient les fruits de la victoire; & » ils les laiſſoient aux vaincus. Telle a été, » pendant onze regnes, leur ambition & » leur gloire; tel a été le prix de leurs tra- » vaux.

» Cependant, plus on étendoit les li- » mites de cet Empire, plus on avoit de » peine à les garder. Dans tout l'eſpace » de dix regnes, l'Empire n'avoit vu » qu'une ſeule révolte. Mon pere, le plus » doux & le plus juſte des Rois, en vit » trois, l'une vers le nord, deux au midi » de ces montagnes. Les extrêmités, re- » culées, n'étoient plus ſous les yeux du » Monarque. Vers l'aurore, on avoit » franchi la haute barriere des Andes (*); » on touchoit à la mer dans les régions » du couchant; vers le nord & vers le » midi, nous avions encore à pénétrer

(*) Montagnes des Antis, depuis appellées *Cordelieres*.

» dans des déserts profonds & vastes ;
» enfin, le plan de nos conquêtes embrassoit tout ce continent. Il exigeoit
» donc un partage entre les enfans du
» Soleil.

» Mon pere, après avoir conquis cette
» vaste & riche province, a cru que le
» moment du partage étoit arrivé. Il
» avoit épousé deux femmes ; l'une étoit
» Ocello, sa sœur ; l'autre, Zulma, fille
» du sang des Rois (*k*). Huascar est l'aîné
» des enfans d'Ocello ; il possede Cusco,
» la ville du Soleil, & l'Empire de nos
» ancêtres. Je suis l'aîné des enfans de
» Zulma ; & la province de Quito, ce
» fruit des exploits de mon pere, est
» l'héritage qu'en mourant il a bien voulu
» me laisser.

» A-t-il pu disposer d'un bien qu'il ne
» tenoit que de lui-même, qu'il ne
» devoit qu'à sa valeur ? C'est ce qui
» cause, entre mon frere & moi, des
» débats qui seront sanglans, s'il me force
» à prendre les armes.

» Mon frere eſt altier & ſuperbe. Son » froid orgueil ne ſut jamais fléchir. Au » mépris de la volonté & de la mémoire » d'un pere, il exige de moi que je » deſcende du trône, & que je me range » ſous ſes loix. Tu ſens ſi je puis m'y » réſoudre. J'aime mon frere ; il m'eſt » affreux de voir ſa haine me pourſuivre ; » il m'eſt affreux de penſer que ſon Peuple » & le mien vont être ennemis l'un de » l'autre, & qu'une guerre domeſtique, » allumée entre les Incas, va les livrer, » demi-vaincus, à un oppreſſeur étran- » ger. Mais ce ſceptre, ce diadême, » c'eſt de mon pere que je les tiens ; » laiſſerai-je outrager mon pere ? Il n'eſt » rien qu'à titre d'égal, d'allié, de frere » & d'ami, Huaſcar n'obtienne de moi. » Veut-il étendre ſes conquêtes par-delà » les bords du Mauli (*), ou ſur le » fleuve des Couleuvres (**) ? Je le

(*) Riviere du Chili.

(**) *Amarumayu*, aujourd'hui la riviere de la *Plata*.

» feconderai. Lui refte-t-il encore, dans » les vallées de Nafca ou de Pifco, » quelques rebelles à dompter? Je l'ai- » derai à les foumettre. Ses ennemis fe- » ront les miens. Mais pourquoi deman- » der ma honte? pourquoi vouloir déf- » honorer & avilir fon propre fang? Les » larmes que tu vois s'échapper de mes » yeux, te font témoins de ma franchife. » Je defire ardemment la paix : je fuis » fenfible, mais je fuis violent; & je » me crains fur-tout moi-même. C'eft » à toi, cher Alonzo, à nous fauver » des maux dont la difcorde nous me- » nace. Va trouver mon frere à Cufco. » L'humanité réfide dans ton cœur, & » la vérité fur tes levres; ta candeur, » ta droiture, l'afcendant naturel de ta » raifon fur nos efprits, enfin ce charme » fi touchant que tu donnes à tes pa- » roles, le fléchira peut-être, & nous » épargnera d'effroyables calamités. Ne » crains pas d'exprimer trop vivement » l'horreur que me fait la guerre civile;

» mais auſſi ne crains pas d'aſſurer, que » jamais je n'abandonnerai mes droits. » Mon pere, en mourant, m'a placé » ſur un trône élevé, affermi par lui- » même ; il faut m'en arracher ſan- » glant ».

Alonzo ſentit l'importance & les diffi- cultés d'une telle entremiſe ; mais il vou- lut bien s'en charger ; & tout fut préparé dans peu, pour donner à ſon ambaſſade une ſplendeur qui répondît à la majeſté des deux Rois.

NOTES.

(*a*) *OU ces enfans du Soleil deſcendirent*]. Au bord d'un lac, à une lieue de Cuſco. Les Incas y avoient élevé un magnifique temple au Soleil.

(*b*) *Cent villages l'environnerent*]. Treize à l'Orient, trente à l'Occident, vingt au Nord, quarante au midi.

(*c*) *Son fils aîné lui ſuccéda*]. SINCHI ROCA, deuxieme Roi. Il conquit vingt lieues de pays, au midi.

(*d*) *Le fils aîné de celui-ci*]. LOQUE YUPANGUÉ, troiſieme Roi. Il conquit quarante lieues de pays du nord au ſud, & vingt du couchant au levant.

(*e*) *Son ſucceſſeur*]. MAÏTA CAPAC, quatrieme Roi, conquit quatre-vingt-dix lieues d'étendue, dans le pays de *Cunti Suyu*.

(*f*) *Le forcerent de les combattre*]. Ceux de *Cayaviri*, peuple du midi, qu'il aſſiégea ſur leur montagne. Il combattit auſſi les *Collas* au paſſage d'une riviere, les peuples des montagnes d'*Atom-Puna*, & ceux de *Villili* & *Dallia* au couchant.

(*g*) *Le fils aîné de ce Héros*]. CAPAC YUPANGUÉ, cinquieme Roi. Ses conquêtes s'étendoient, au couchant, juſqu'à la mer; au midi, juſqu'à *Tatira*, au pays des *Charcas*; à l'orient, juſqu'au pied de la montagne des *Antis*; au nord, juſqu'à *Racuna*, dans la province de *Chinca*.

(*h*) *Les Incas qui lui ſuccéderent*]. ROCA, ſurnommé *Pleure-ſang*, ſixieme Roi.

Septieme, VIRACOCHA.

Huitieme, PACHACUTEC.

Neuvieme, YUPANGUÉ.

Dixieme, TUPAC YUPANGUÉ.

Onzieme, HUAÏNA CAPAC, pere de deux Incas régnans.

(*i*) *Les biens qu'elle leur préſentoit*]. Lorſqu'aſſiégés ſur leurs montagnes, ils manquoient de ſubſiſtances, & qu'on trouvoit leurs enfans &

leurs femmes paissant l'herbe dans les vallons, on leur donnoit à manger, & on les renvoyoit, chargés de vivres, vers leurs peres & leurs maris, avec des offres de paix & d'amitié.

(*k*) *Fille du sang des Rois*]. Des Caciques, rois de *Quito*, avant la conquête de cette province.

CHAPITRE XXVII.

AVANT le départ d'Alonzo, l'Inca, pour entreprendre l'ouvrage de la paix sous de favorables auspices, fit un sacrifice au Soleil. Les Mexicains y assisterent; & Alonzo lui-même, sans y participer, crut pouvoir en être témoin.

Les Vierges du Soleil, admises dans son temple, servoient le Pontife à l'autel. C'est de leur main qu'il recevoit le pain du sacrifice (*a*); & l'une d'elles, après l'offrande, le présentoit aux Incas.

La destinée de Cora voulut qu'en ce jour solemnel, ce fût elle qui dut remplir ce ministere si funeste.

Alonzo, par une faveur signalée du Monarque, étoit placé auprès de lui. La Prêtresse s'avance, un voile sur la tête, & le front couronné de fleurs. Ses yeux étoient baissés; mais ses longues paupieres en laissoient échapper des feux étincelans.

Ses

Ses belles mains trembloient; ſes levres palpitantes, ſon ſein vivement agité, tout en elle exprimoit l'émotion d'un cœur ſenſible. Heureuſe ſi ſes yeux timides ne s'étoient pas levés ſur Alonzo! Un regard la perdit; ce regard imprudent lui fit voir le plus redoutable ennemi de ſon repos & de ſon innocence. Lui, dont la grace & la beauté, chez les féroces antropophages, avoient apprivoiſé des cœurs nourris de ſang, quel charme n'eut-il pas pour le cœur d'une vierge, ſimple, tendre, ingénue & faite pour aimer! Ce ſentiment, dont la nature avoit mis dans ſon ſein le germe dangereux, ſe développa tout-à-coup.

Dans le treſſaillement que lui cauſa la vue de ce mortel, dont la parure relevoit encore la beauté, peu s'en fallut que la corbeille d'or qui contenoit l'offrande, ne lui tombât des mains. Elle pâlit; ſon cœur ſuſpendit tout-à-coup & redoubla ſes battemens. Un friſſon rapide eſt ſuivi d'un feu brûlant qui coule dans ſes veines ; & ſur ſes genoux défaillans elle a peine à ſe ſoutenir.

Son miniſtere enfin rempli, elle retourne vers l'autel. Mais Alonzo, préſent à ſes eſprits, ſemble l'être encore à ſes yeux. Interdite & confuſe de ſon égarement, elle jette un regard ſuppliant ſur l'image du Soleil ; elle y croit voir les traits d'Alonzo. « O Dieu ! dit-elle, » ô Dieu ! quel eſt donc ce délire ? Quel » trouble ce jeune Etranger a mis dans » tous mes ſens ! Je ne me connois plus ».

Le ſacrifice & les vœux offerts, l'Inca, ſuivi de ſa Cour, ſe retire ; les Prêtreſſes ſortent du temple, & rentrent dans l'aſyle inviolable & ſaint qui les cache aux yeux des mortels.

Cette retraite, où Cora voyoit couler ſes jours dans une paiſible langueur, fut pour elle, dès ce moment, une priſon triſte & funeſte. Elle ſentit tout le poids de ſa chaîne ; & ſon cœur ne deſira plus qu'un déſert & la liberté, un déſert où fût Alonzo : car elle ne ceſſoit de le voir, de l'entendre, de lui parler, & de se plaindre à lui, comme s'il eût été présent. « Quoi ! jamais, jamais, » disoit-elle, l'illusion que je me fais ne » sera qu'une illusion ! Ah ! pourquoi » t'ai-je vu, charme unique de ma pen- » sée, si je suis condamnée à ne plus te » revoir ? Ah ! du moins, avant que » j'expire, viens, mortel adoré, viens » voir quel ravage ta seule vue a causé » dans un foible cœur ; viens voir & » plaindre ta victime. Où es-tu ? Daignes- » tu penser à moi, à moi, qui brûle, » qui me meurs du desir, sans espoir, » de te revoir encore ? Hélas ! quel mal- » heur est le mien ! Je sens qu'un pouvoir » invincible m'attire sans cesse vers lui ; » sans cesse mon ame s'élance hors de ces » murs pour le chercher ; dans la veille » & dans le sommeil, lui seul occupe » mes esprits ; je donnerois ma vie pour » qu'un seul de mes songes pût se réaliser, » ne fût-ce qu'un moment ; & ce moment, » on l'a retranché de ma vie ! O Dieu

» bienfaiſant ! eſt-ce toi qui te plais à » tyranniſer, à déchirer un cœur ſenſible ? » Tu ſais ſi le mien conſentoit au ſerment » que t'a fait ma bouche. Un pouvoir » abſolu me l'a fait prononcer ; mais la » nature, par un cri qui a dû s'élever » juſqu'à toi, réclamoit dans le même » inſtant contre une injuſte violence. Mon » cœur n'eſt point parjure ; il ne t'a rien » promis. Rends-moi donc à moi-même. » Hélas ! ſuis-je digne de toi ? Trop » foible, trop fragile, un ſeul moment, » tu le vois, un ſeul regard a mis le » trouble dans mon ame : éperdue, inſen- » ſée, je ne commande plus à ma raiſon » ni à mes ſens ». A ces mots, proſternée, & n'oſant plus voir la lumiere du Dieu qu'elle croyoit trahir, elle ſe couvroit le viſage de ſon voile arroſé de larmes. Mais bientôt l'image d'Alonzo, & cette penſée accablante : *Je ne le verrai plus*, venant s'offrir encore, faiſoient éclater ſa douleur. « O mon pere ! qu'avez-vous » fait ? que vous avois-je fait moi-même ?

» pourquoi me séparer de vous ? pourquoi
» m'ensevelir vivante ? Hélas ! j'avois pour
» vous une vénération si tendre ! je vous
» aurois servi avec tant de zele & d'a-
» mour ! O mon pere ! mon pere ! vous
» m'auriez vue auprès de vous, douce
» consolation de votre paisible vieillesse,
» partager avec mon époux le devoir de
» vous rendre heureux, élever sous vos
» yeux mes enfans..... Mes enfans ! ah !
» jamais je ne serai mere ; jamais ce nom
» cher & sacré ne fera tressaillir mon
» cœur. Ce cœur est mort aux sentimens
» les plus tendres de la nature : ses pen-
» chans les plus doux, ses plaisirs les
» plus purs me sont interdits pour ja-
» mais ».

Cet éclair rapide & terrible, qui embrase à la fois deux cœurs faits l'un pour l'autre, avoit frappé le jeune Espagnol au même instant que la jeune Indienne. Étonné de voir tant de charmes, ému, troublé jusqu'à l'ivresse, d'un seul regard qu'elle lui avoit lancé, il la suivit des yeux au fond du temple ; & il fut jaloux du Dieu même, en le lui voyant adorer.

Sombre, inquiet, impatient, il retourne au palais. Tout l'afflige & le gêne. Il veut rappeller sa raison ; il se reproche un fol amour, il le condamne, il en rougit, il veut l'éloigner de son ame ; vain reproche ! efforts inutiles ! La réflexion même enfonce plus avant le trait qu'il voudroit arracher. Un seul regard de la Prêtresse a versé au fond de son cœur le doux poison de l'espérance. Des vœux indissolubles, un étroit esclavage, une garde incorruptible & vigilante, une austere prison, il voit tout ; & il espere encore. Il lui est impossible de posséder Cora, mais non pas d'avoir su lui plaire ; « & si elle m'aimoit, disoit-il, si elle » savoit que je l'adore, si nos deux cœurs, » d'intelligence, pouvoient du moins s'en» tendre, ah ! ce seroit assez ».

En s'occupant d'elle sans cesse, il passoit mille fois le jour par tous les mouvemens d'un amour insensé. Mais la réflexion le rendoit à lui-même, & lui faiſoit voir l'imprudence & la honte de ſes tranſports. Chez un Peuple religieux, oſer tenter un ſacrilege ! dans la Cour d'un Roi, ſon ami, violer les droits de l'hoſpitalité ! expoſer celle qu'il aimoit à l'opprobre & au châtiment qui ſuivroient l'oubli de ſes vœux ! C'étoient autant de crimes, dont un ſeul eût ſuffi pour faire frémir Alonzo. Il en repouſſoit la penſée, bien réſolu de n'y jamais céder.

Seulement il alloit nourrir ſa profonde mélancolie autour de l'enceinte ſacrée des murs qui renfermoient Cora. L'enclos des Vierges étoit vaſte, & ombragé d'arbres épais, dont la hauteur majeſtueuſe ajoutoit encore au reſpect qu'imprimoit ce lieu révéré. « C'eſt ſous ces » arbres, diſoit-il, que la belle Cora reſ» pire. Hélas ! peut-être elle y gémit ; & » ni la pitié ni l'amour n'oſeroient entre» prendre de rompre ſes liens. Ces murs » ſont élevés ; la garde en eſt ſévere ; » mais combien ne ſeroit-il pas facile

» encore d'y pénétrer ! C'eſt leur ſainteté » qui les garde. L'amour, cet ennemi » fatal du repos & de l'innocence, l'a- » mour, tel que je le reſſens, n'eſt point » connu de ce bon Peuple. L'habitude à » ne deſirer que les biens qui lui ſont per- » mis, le fait marcher paiſiblement dans » l'étroit ſentier de ſes loix. Qu'elles ſont » cruelles ces loix, dont la jeuneſſe, la » beauté, l'amour, ſont les triſtes vic- » times ! Qu'il ſeroit juſte & généreux » de les en affranchir » ! A ces mots, effrayé lui-même de ſentir treſſaillir ſon cœur, il s'éloignoit. « Ah ! diſoit-il, » eſt-ce là ce projet ſi beau, ſi magna- » nime qui m'avoit amené à la Cour de » l'Inca ! Je m'annonce comme un héros; » je finis par être un perfide, un foible » & lâche raviſſeur ».

Ainſi ſa vertu combattoit ; elle auroit triomphé ſans doute. Mais un événement terrible la fit céder aux mouvemens de la crainte & de la pitié.

❦

NOTE.

(*a*) LE *pain du sacrifice*]. Ce pain étoit fait du maïs le plus pur : on l'appelloit *Cancu*.

CHAPITRE XXVIII.

HEUREUX les Peuples qui cultivent les vallées & les collines que la mer forma dans ſon ſein, des ſables que roulent ſes flots, & des dépouilles de la terre ! Le paſteur y conduit ſes troupeaux ſans allarmes; le laboureur y ſeme & y moiſſonne en paix. Mais malheur aux Peuples voiſins de ces montagnes ſourcilleuſes, dont le pied n'a jamais trempé dans l'océan, & dont la cime s'éleve au-deſſus des nues ! Ce ſont des ſoupiraux que le feu ſouterrein s'eſt ouverts, en briſant la voûte des fournaiſes profondes où ſans ceſſe il bouillonne. Il a formé ces monts des rochers calcinés, des métaux brûlans & liquides, des flots de cendre & de bitume qu'il lançoit, & qui, dans leur chûte, s'accumuloient aux bords de ces gouffres ouverts. Malheur aux Peuples que la fertilité de ce terrein perfide

J.M. Moreau le jeune. inv. J.J. Leveau, Sculp.

Cora, desolée et tremblante, etoit tombée à ses genoux.

attache : les fleurs, les fruits & les moiſſons couvrent l'abîme ſous leurs pas. Ces germes de fécondité, dont la terre eſt pénétrée, ſont les exhalaiſons du feu qui la dévore : ſa richeſſe, en croiſſant, préſage ſa ruine ; & c'eſt au ſein de l'abondance qu'on lui voit engloutir ſes heureux poſſeſſeurs. Tel eſt le climat de Quito. La ville eſt dominée par un volcan terrible (*a*), qui, par de fréquentes ſecouſſes, en ébranle les fondemens.

Un jour que le Peuple Indien, répandu dans les campagnes, labouroit, ſemoit, moiſſonnoit (car ce riche vallon préſente tous ces travaux à la fois), & que les filles du Soleil, dans l'intérieur de leur palais, étoient occupées les unes à filer, les autres à ourdir les précieux tiſſus de laine dont le Pontife & le Roi ſont vêtus, un bruit ſourd ſe fait d'abord entendre dans les entrailles du volcan. Ce bruit, ſemblable à celui de la mer, lorſqu'elle conçoit les tempêtes, s'accroît, & ſe change bientôt en un mugiſſement profond. La terre tremble, le ciel gronde, de noires vapeurs l'enveloppent; le temple & les palais chancelent & menacent de s'écrouler; la montagne s'ébranle, & sa cime entr'ouverte vomit, avec les vents enfermés dans son sein, des flots de bitume liquide, & des tourbillons de fumée qui rougissent, s'enflamment & lancent dans les airs des éclats de rocher brûlans qu'ils ont détachés de l'abîme : superbe & terrible spectacle, de voir des rivieres de feu bondir à flots étincelans à travers des monceaux de neige, & s'y creuser un lit vaste & profond.

Dans les murs, hors des murs, la désolation, l'épouvante, le vertige de la terreur se répandent en un instant. Le laboureur regarde & reste immobile. Il n'oseroit entamer la terre, qu'il sent comme une mer flottante sous ses pas. Parmi les Prêtres du Soleil, les uns, tremblans, s'élancent hors du temple; les autres, consternés, embrassent l'autel de leur Dieu. Les Vierges, éperdues, ſortent de leur palais, dont les toits menacent de fondre ſur leur tête ; & courant dans leur vaſte enclos, pâles, échevelées, elles tendent leurs mains timides vers ces murs, d'où la pitié même n'oſe approcher pour les ſecourir.

Alonzo ſeul, errant autour de cette enceinte, entend leurs gémiſſantes voix. Dans le péril de la nature entiere, il ne tremble que pour Cora. Les cris qui frappent ſon oreille, lui ſemblent tous être les ſiens. Égaré, frémiſſant de douleur & de crainte, & pareil au ramier qui, d'une aîle tremblante, voltige autour de la priſon où ſa palombe eſt enfermée, ou tel plutôt que la lionne qui, l'œil étincelant, rode & rugit autour du piege où l'on a pris ſes lionceaux, il cherche, il découvre à la fin des ruines & un paſſage. Tranſporté de joie, il gravit ſur les débris du mur ſacré. Il pénetre dans cet aſyle où nul mortel jamais n'oſa pénétrer avant lui. Les ténebres le favoriſent : un jour lugubre & ſombre a fait place à la nuit ; la nuit n'eſt éclairée que par les flots brûlans qui s'élancent de la montagne ; & cette effroyable lueur, pareille à celle de l'Érebe, ne laiſſe voir aux yeux d'Alonzo que comme des ombres errantes, les Prêtreſſes du Soleil, courant épouvantées dans les jardins de leur palais.

D'autres yeux que ceux d'un amant, tout occupé de l'objet qu'il adore, chercheroit inutilement l'une d'elles entre ſes compagnes. Alonzo reconnoît Cora. Les graces qui, dans la frayeur, ne l'ont point abandonnée, la lui font diſtinguer de loin. Il retient ſes premiers tranſports, de peur de l'effrayer. Il s'avance d'un pas timide. « Cora, lui dit-il de la voix » la plus douce & la plus ſenſible, un » Dieu veille ſur vous & prend ſoin de » vos jours ». A cette voix, Cora s'arrête intimidée ; & à l'inſtant la terre tremble, & la montagne, avec éclat, jette une colonne de flamme, qui, dans l'obſcurité, découvre aux yeux de la

Prêtresse son amant qui lui tend les bras.

Soit par un mouvement soudain de frayeur, ou d'amour peut-être, Cora se précipite & tombe évanouie dans les bras du jeune Espagnol. Il la soutient, il la ranime, il tâche de la rassurer. « O toi, » lui dit-il, que j'adore depuis que je t'ai » vue au temple, toi, pour qui seule je » respire, Cora, ne crains rien : c'est le » ciel qui t'envoie un libérateur. Suis-» moi. Quittons ces lieux funestes ; laisse-» moi te sauver ».

Cora, foible & tremblante, s'abandonne à son guide. Il l'emporte ; il franchit sans peine les débris du mur écroulé ; & le premier asyle qui s'offre à sa pensée, est le vallon de Capana, du Cacique ami de Las-Casas.

« Où vais-je, lui disoit Cora ? La » frayeur a troublé mes sens. Je ne sais » où je suis ; je ne sais même qui vous » êtes. Que vais-je devenir ? Ayez pitié » de moi. – Vous êtes, lui dit Alonzo,

» sous la garde d'un homme qui ne respire
» que pour vous. Je vous mene loin du
» danger, dans un vallon délicieux, où
» un Cacique, mon ami, vous recevra
» comme sa fille. – Ah! cachez-moi plutôt, dit-elle, à tous les yeux. Il y va de
» ma vie; il y va de bien plus! Vous
» ignorez la loi terrible que vous me faites
» violer. Me voilà hors de cet asyle où
» je devois vivre cachée. Je suis les pas
» d'un homme, après avoir fait vœu de
» fuir à jamais tous les hommes. A quoi
» m'exposez-vous? Ah! plutôt laissez-moi
» périr ».

« Cora, lui répondit Alonzo, le premier devoir de tout ce qui respire,
» comme son premier sentiment, c'est le
» soin de sa propre vie; & dans un moment où la mort vous environne &
» vous poursuit, il n'est ni vœu ni loi
» qui doive s'opposer à ce mouvement
» invincible. Quand tout sera calmé,
» demain, avant l'aurore, vous rentrerez dans ces jardins, où vos compagnes
» effrayées

» effrayées auront paſſé la nuit ſans doute;
» & le ſecret de votre abſence ne ſera jamais révélé ».

Cependant le péril s'éloigne, & bientôt il s'évanouit. La terre ceſſe de trembler, le volcan ceſſe de mugir. Cette piramide de feu, qui s'élevoit du ſommet de la montagne, s'émouſſe, & paroît s'enfoncer; les noirs tourbillons de fumée dont le ciel étoit obſcurci, commencent à ſe diſſiper; un vent d'orient les chaſſe vers la mer. L'azur du ciel s'épure; & l'aſtre de la nuit, par ſa conſolante clarté, ſemble vouloir raſſurer la nature.

Dans ce moment, Alonzo & ſa tendre compagne traverſoient de belles prairies, où mille arbres, chargés de fruits, entrelaçoient leurs rameaux. Les rayons tremblans de la lune, perçant à travers le feuillage, alloient nuancer la verdure, & ſe jouer parmi les fleurs. « Reſpire,
» ma chere Cora, dit Alonzo; repoſe-
» toi; & dans le calme & le ſilence d'une
» nuit qui nous favoriſe, laiſſe-moi me

» rassasier du plaisir de te voir, d'adorer » tant de charmes ». Cora consentit à s'asseoir. Le premier soin d'Alonzo fut de cueillir des fruits, qu'il vint lui présenter. Le doux savinte, le palta, d'un goût plus ravissant encore, la moëlle du coco, son jus délicieux, furent les mets de ce festin.

Assis aux genoux de Cora, Alonzo respiroit à peine. Le trouble, le saisissement, cette timidité craintive qui se mêle aux brûlans desirs, & dont l'émotion redouble aux approches du bonheur, suspendent son impatience. Il presse de ses mains, il presse de ses levres la main tremblante de Cora. « Fille du ciel, » lui disoit-il, est-ce bien toi que je » possede, toi, l'unique objet de mes » vœux? Qui m'eût dit qu'un prodige, » dont frémit la nature, s'opéroit pour » nous réunir, & qu'il n'épouvantoit la » terre, que pour nous dérober aux yeux » de tes surveillans inhumains? Un Dieu, » sans doute, a pris pitié de mon amour

» & de mes peines. Ah ! profitons de » ſa faveur. Nous voilà ſeuls, libres, » cachés, & n'ayant pour témoin que la » nuit, qui jamais n'a trahi les tendres » amans. Mais ces inſtans ſi précieux s'é» coulent ; n'en perdons plus aucun ; &, » ſi je te ſuis cher, dis-moi : *Sois heu*» *reux*. — Sois heureux, dit-elle » ; & dès ce moment un nuage ſe répandit ſur l'avenir.

A leurs yeux tout s'eſt embelli. La ſérénité de la nuit, la ſolitude, le ſilence ont pour eux un charme nouveau. « Ah ! » le délicieux ſéjour ! diſoit Cora. Pour» quoi chercher un autre aſyle ? Cette » douce clarté, ces gazons, ces feuillages » ſemblent nous dire : Où voulez-vous » aller ? où ſerez-vous mieux qu'avec » nous ? — O douce moitié de moi-même, » dit Alonzo, ainſi toujours puiſſes-tu te » plaire avec moi ! Paſſons ici la nuit ; » & demain, dès l'aube du jour, fuyons » des lieux où tu es captive. Allons.... » que ſais-je ? où le deſtin nous conduira :

» fût-ce dans un antre ſauvage, j'y » vivrois heureux avec toi ; & ſans toi, » je ne puis plus vivre ». Ainſi le fol amour faiſoit parler Alonzo. Cora le preſſoit dans ſes bras ; & il ſentoit tomber ſur ſon viſage les larmes qu'elle répandoit. « Mon ami, lui dit-elle, éloignons, » s'il ſe peut, une prévoyance affligeante. » Je ſuis avec toi, je ne veux m'occuper » que de toi : qu'un bien que j'ai tant » ſouhaité ne ſoit pas mêlé d'amertume ».

Cora ne ſavoit point encore le nom de ſon amant ; elle deſira de l'entendre, & le répéta mille fois. Il lui parla de ſa patrie, il voulut même la flatter de la douce eſpérance de voir un jour avec lui les bords où il étoit né. Elle n'en fut point abuſée, & la réflexion cruelle écarta cette illuſion. Enfin le ſommeil ſuſpendit tous les mouvemens de leurs ames ; & Cora, aux genoux d'Alonzo, repoſa juſqu'au point du jour.

L'étoile du matin éveille les oiſeaux, & leurs chants éveillent Alonzo. Il ouvre les yeux, & il voit Cora : ſes yeux parcourent mille charmes. Il approche ſa bouche de ces levres de roſe, où la volupté lui ſourit ; il en reſpire l'haleine ; & ſon ame y vole, attirée par un ſouffle délicieux.

Cora s'éveille ; un treſſaillement, mêlé de frayeur & de joie, exprime ſon émotion. « Eſt-ce toi, dit-elle, en ſe précipitant dans le ſein d'Alonzo, eſt-ce » bien toi que je retrouve ? Ah ! je » croyois t'avoir perdu. – Non, Cora, » non ; raſſure-toi : nous ne ſerons point » ſéparés. Mais hâtons-nous : voici l'aube » du jour : gagnons le détroit des montagnes ; & ſur la foi de la nature, qui » nourrit les hôtes des bois, cherche » avec moi, dans leur aſyle, la liberté, » le premier des biens après l'amour. » – Ah ! cher Alonzo, dit Cora, que ne » ſuis-je ſeule, avec toi, dans ces forêts » où elle regne ! que n'y ſuis-je inconnue » au reſte des mortels » ! Et, en diſant ces mots, elle le ſerroit dans ſes bras ;

elle frémissoit ; & ses yeux, attachés sur ceux de son amant, se remplissoient de larmes. Attendri & troublé lui-même, il la presse de lui avouer ce qui l'agite. Elle s'effraie du coup qu'elle va lui porter ; mais elle cede enfin. « Délices de » mon ame, mon cher Alonzo, lui dit-» elle, mon cœur est déchiré ; le tien » va l'être ; mais pardonne : un devoir » sacré, un devoir terrible m'enchaîne ; » il va m'arracher de tes bras ; voici le » moment d'un éternel adieu. — Ah ! que » dis-tu, cruelle ! — Écoute. En me » dévouant aux autels, mes parens ré-» pondirent de ma fidélité. Le sang d'un » pere, d'une mere, est garant des vœux » que j'ai faits. Fugitive & parjure, je » les livrerois au supplice ; mon crime » retomberoit sur eux ; & ils en porte-» roient la peine : telle est la rigueur de » la loi. — O Dieu ! — Tu frémis ! » — Malheureuse ! qu'as-tu fait ? qu'ai-je » fait moi-même, s'écria-t-il, en se pré-» cipitant le front contre terre, & en

» s'arrachant les cheveux. Que ne m'as-» tu montré plutôt l'abîme où je tom-» bois, où je t'entraînois ? . . . Laiſſe-moi. » Ton amour, ta douleur, tes larmes » redoublent l'horreur où je ſuis. . . Que » veux-tu ? que je te remmene ? Tu veux » ma mort. . . . . Te retenir ! oh ! non ; » je ne ſuis pas un monſtre. Je ne ſouf-» frirai pas que tu ſois parricide ; je ne » le ſouffrirai jamais. Va-t-en... cruelle... » Arrête ! arrête ! Je me meurs ».

Cora, déſolée & tremblante, étoit revenue à ſes cris, étoit tombée à ſes genoux. Il la regarde, il la prend dans ſes bras, l'arroſe de ſes pleurs, ſe ſent baigner des ſiens, lui jure un éternel amour ; &, dans l'excès de ſa douleur, il s'égare & s'oublie encore. « Que fai-» ſons-nous, lui dit Cora ? Voilà le jour. » Si nous tardons, il ne ſera plus temps ; » & mon pere, & ma mere, & leurs » enfans, tout va périr. Je vois le bû-» cher qui s'allume. – Viens donc, viens, » lui dit-il, avec le regard ſombre, l'air

» farouche du déſeſpoir » ; & tout-à-coup, s'armant de force, de cette force courageuſe qui foule aux pieds les paſſions, il la prend par la main, &, marchant à grands pas, la remmene, pâle & tremblante, juſqu'au pied de ces murs, où elle va cacher ſon crime, ſon amour & ſon déſeſpoir.

L'amour, dans l'ame de Cora, n'avoit été, juſqu'au moment de cette fatale entrevue, qu'un délire confus & vague: elle n'en connut bien la force que lorſqu'elle en eut poſſédé l'objet. Sa paſſion, en s'éclairant, a redoublé de violence; le ſouvenir & le regret en ſont devenus l'aliment; & le deſir, ſans eſpérance, toujours trompé, toujours plus vif & plus ardent, en eſt le ſupplice éternel.

Mais du moins elle eſt ſans remords, & ſans frayeur ſur l'avenir. Le déſordre de cette nuit, où chacun trembloit pour ſoi-même, n'a pas permis qu'on s'apperçût de ſa fuite & de ſon abſence; elle ne ſe fait point un crime de l'égarement où l'ont précipitée le péril, la crainte & l'amour. Sa plus cruelle prévoyance eſt d'être en proie au feu qui la conſume, & qui ne s'éteindra jamais. Son amant eſt plus malheureux. Il éprouve les mêmes peines, & de plus un ſouci rongeur qui le tourmente inceſſamment.

O! ſous combien de formes, diverſement cruelles, l'amour tyranniſe les cœurs! Alonzo trembloit d'être pere; & ce danger, que l'innocence déroboit aux yeux de Cora, étoit ſans ceſſe préſent aux ſiens. Il ſe rappelle avec effroi les plus doux momens de ſa vie, & déteſte l'amour qui l'a rendu heureux. Cependant, il fallut partir. Mais, en s'éloignant de Quito, il ſentit ſon ame, attirée par une force irréſiſtible, ſe détacher de lui, s'élancer vers les murs où ſon amante gémiſſoit.

*

NOTE.

(*a*) P*AR un volcan terrible*]. Pichencha; *voyez* la deſcription de ce volcan & ſes éruptions en 1538 & 1660, dans la Relation du voyage de M. de la Condamine.

CHAPITRE XXIX.

Une route immenſe, applanie d'une extrêmité de l'Empire à l'autre, à travers les hautes montagnes, les abîmes & les torrens (*a*), monument prodigieux de la grandeur des Incas; & ſur cette route les arcenaux diſtribués par intervalles, les hoſpices ſans ceſſe ouverts aux voyageurs, les fortereſſes & les temples, les canaux qui dans les campagnes faiſoient circuler l'eau des fleuves (*b*), les merveilles de la nature, dans des climats nouveaux pour lui, rien ne put effacer Cora de ſa penſée. Son image, qu'en ſoupirant il écartoit toujours, lui revenoit ſans ceſſe.

Enfin l'impérieuſe voix de l'amitié ſe fit entendre. Alonzo tout-à-coup ſortit comme d'un long délire; & en approchant de Cuſco, les ſoins dont il étoit chargé commencerent à l'occuper. Il ſe fit précéder par trois Caciques, & s'annonça au Monarque en ces mots : « Un » homme né par-delà les mers, & vers » les bords d'où le Soleil ſe leve, un » Caſtillan, reçu dans la Cour de ton » frere, vient te voir, & t'apporte des » paroles de paix ».

La renommée des Caſtillans étoit parvenue à Cuſco ; & ce nom, devenu terrible, frappa le ſuperbe Huaſcar. Il envoya au-devant d'Alonzo une partie de ſa Cour, & le reçut lui-même dans toute la ſplendeur de la majeſté des Incas, élevé ſur un trône d'or, dans un palais dont les lambris, les murs même étoient revêtus de ce métal éblouiſſant, ayant à ſes pieds vingt Caciques, & à ſes côtés vingt tribus d'Incas deſcendans de Manco.

Alonzo, qui jamais n'avoit rien vu de ſi auguſte, en fut ſaiſi d'étonnement. Le Prince, avec une bonté majeſtueuſe, lui fit ſigne de s'approcher & de parler.

« Inca, lui dit Alonzo, c'eſt un préſent » du ciel, qu'un frere vertueux & tendre ;

» c'eſt un don du ciel, non moins rare, » qu'un véritable ami. Réjouis-toi : le ciel » t'a donné l'un & l'autre dans le Roi » de Quito. Son ame m'eſt connue ; & » mon cœur, qui jamais n'a ſu mentir, » répond du ſien. Vous êtes tous deux » menacés par un ennemi redoutable, » qui s'avance de l'orient. Vous avez » beſoin l'un de l'autre, pour réſiſter à » ſes efforts. Réunis, vous pouvez le » vaincre ; diviſés, vous êtes perdus. » L'Inca ton frere demande ton ſecours, » & t'offre celui de ſes armes. Tel eſt » l'objet de l'ambaſſade dont il m'honore » auprès de toi ».

« J'ai bien voulu t'entendre, lui répon- » dit l'Inca, quoiqu'envoyé par un re- » belle ; mais, avant tout, n'es-tu pas » toi-même un de ces Etrangers nouvelle- » ment deſcendus ſur nos bords, & qui, » dans la vallée, ont ſemé l'épouvante ? » Tu te dis Caſtillan ; c'eſt, je crois, le » nom qu'on leur donne ; ils viennent, dit- » on, comme toi, des bords de l'orient ».

« Oui, je ſuis du nombre de ceux » que l'on a vus ſur ce rivage, lui dit » Alonzo. Je cherchois la gloire ſur leurs » pas : je n'ai vu que le crime ; & je les » ai abandonnés. J'aime la bonne foi, » j'honore la droiture & la grandeur » d'ame ; & c'eſt ce qui m'attache à ce » généreux Prince qui te parle ici par » ma voix. Tous les deux nés du même » ſang, enfans du même pere, aimez- » vous, & vivez en paix ; vous ſerez » heureux & puiſſans ».

« S'il ſe ſouvient, reprit Huaſcar, de » quel pere nous ſommes nés, qu'il ſe » rappelle auſſi quels rangs nous a mar- » qués la naiſſance. Le Soleil n'a donné » qu'un Maître à cet Empire ; le regne » de ſon fils doit être l'image du ſien. Il » n'a point d'égal dans le ciel ; & je n'en » veux point ſur la terre ».

« Inca, lui répondit Alonzo, je veux » bien parler ton langage, & ſuppoſer » ce que tu crois. N'aimes-tu pas aſſez les » hommes, & n'eſtimes-tu pas aſſez les

» loix de tes aïeux, pour ſouhaiter que » l'univers fût rangé ſous ces loix paiſibles » ?

« Sans doute, répondit l'Inca, je le » ſouhaite, & je l'eſpere : c'eſt la volonté » du Soleil ; les temps la verront s'accomplir ».

« Et alors, pourſuivit Alonzo, le » monde n'aura-t-il qu'un Roi, comme » il n'a qu'un Soleil ? La ſageſſe d'un » homme étendra-t-elle ſes regards auſſi » loin que l'aſtre du jour étend l'éclat » de ſa lumiere ? Tu n'oſerois le croire ; » oſe donc avouer que ta vigilance a des » bornes, que ta puiſſance en doit avoir, » & qu'il ſeroit injuſte de vouloir envahir » ce que l'on ne peut gouverner ».

« Etranger, quelle eſt ton audace, » interrompit l'Inca, de venir me marquer les limites de ma puiſſance » ?

« Ce n'eſt pas moi, lui dit Alonzo, » c'eſt la nature qui les a marquées : je » ne dis que ce qu'elle a fait. Je t'avertis que tu es homme par ta foibleſſe,

» quand tu veux être un Dieu par ton » ambition ».

« Je ſuis homme, mais je ſuis Roi, » reprit l'Inca; & ce nom ſeul t'apprend » le reſpect qui m'eſt dû ».

« Sache, lui dit Alonzo, que mes » pareils parlent aux Rois ſans les flatter, » & les reſpectent ſans les craindre. Il » ne tient qu'à toi de me voir à tes » pieds; mais commence par être juſte, » & par honorer la mémoire d'un pere, » qui fut Roi lui-même. C'eſt de ſa main » que ton frere a reçu le ſceptre que tu » lui diſputes; & en déſavouant le don » qu'il lui a fait, tu l'inſultes dans ſon » tombeau, & tu foules aux pieds ſa » cendre ».

L'Inca frémit; mais ſon orgueil l'emporta ſur ſa piété. « Mon pere, dit-il, » a vieilli; & dans cet état de défaillance, l'homme eſt crédule & facile à » tromper. Il a cédé aux artifices d'une » femme ambitieuſe; & pour le fils de » l'étrangere, il a déshérité celui que les » ſages

» ſages loix de Manco lui avoient donné
» pour ſucceſſeur ».

« Il t'a remis, lui dit Alonzo, tout
» ce qu'il avoit reçu : il n'a diſpoſé que
» de ſa conquête ».

« Si, comme lui, chacun de nos Rois,
» dit le Prince, eût diſſipé ce qu'il avoit
» acquis, où ſeroit leur empire? L'unité
» de pouvoir en fait la grandeur & la
» force ; & mon pere, qui, ſans par-
» tage, l'avoit reçu de ſes aïeux, devoit
» le laiſſer ſans partage. On l'a ſurpris ;
» & ſans ceſſer d'honorer ſes vertus, de
» révérer ſa cendre, je puis déſavouer un
» moment de foibleſſe, qui lui fit oublier
» mes droits ».

« Apprends, lui dit Alonzo, qu'au
» nord de ces climats, un Empire auſſi
» vaſte, plus puiſſant que le tien, vient
» d'être ravagé, détruit, inondé du ſang
» de ſes Peuples, pour avoir été diviſé.
» Ses Princes, à peine échappés au glaive
» du vainqueur, ſe ſont refugiés dans la
» Cour de l'Inca ton frere ; & leur malheur

» atteste ce que je te prédis. Un ennemi » terrible va vous trouver tous deux affoi- » blis, défaits l'un par l'autre. Ah! songe » à sauver ton Empire ; & quand la » foudre est sur ta tête & l'abîme à tes » pieds, tremble, malheureux Prince, » tremble toi-même, au lieu de me- » nacer ».

Toute la Cour qui l'entendoit, parut troublée à ce langage ; l'Inca lui-même en fut ému ; mais dissimulant sa frayeur sous les dehors de la fierté : « C'est, dit-il, à » l'usurpateur à prévenir les maux dont » il seroit la cause, & à se ranger sous » mes loix ».

« Ne l'espere pas, dit Alonzo, cons- » terné de sa résistance. Ataliba couronné » par un pere expirant, ne croira jamais » avoir usurpé ce qu'il a reçu de son pere. » Il regarde sa volonté comme une invio- » lable loi. Il faut, pour le chasser du » trône, l'en arracher sanglant : Je te » répete ses paroles. C'est à toi de voir » si tu veux te baigner dans le sang d'un

» frere, d'un frere vertueux qui t'aime,
» qui fait ſa gloire & ſon bonheur d'être
» ton allié, ton ami le plus tendre; qui
» te conjure, au nom d'un pere, de ne
» pas révoquer les dons qu'il lui a faits;
» qui te conjure, au nom de ſon Peuple
» & du tien, de ne pas le forcer à une
» guerre impie. Diſpoſe de lui, de ſes
» armes : il ne craint point la guerre : il a
» ſous ſes drapeaux un Peuple fidele &
» vaillant; il a vingt Rois autour de lui,
» tous auſſi dévoués que moi. Tout ce qu'il
» craint, c'eſt de verſer le ſang de ſes
» amis, de ſa famille, de ces Peuples,
» qui, Sujets de vos peres, nés ſous les
» mêmes loix, ſont ſes enfans comme
» les tiens. Conſulte, comme lui, ton
» cœur : il doit être bon, magnanime,
» ſenſible au moins à la pitié. Il ne s'agit
» pas de régler entre nous tes droits &
» les ſiens : de pareils débats n'ont jamais
» été vuidés que par les armes. Il s'agit
» de ſavoir lequel des deux perd le plus à
» céder. Il y va, pour lui, d'un royaume;

» pour toi, d'une province inutile à ta » gloire, à ta puiſſance, à ta grandeur. » Il défend, avec ſa couronne, l'honneur » de ſon pere, & le ſien ; & à ces intérêts » qu'oppoſes-tu ? L'orgueil de ne point » ſouffrir de partage ! Vois ſi cela mérite » d'allumer entre vous les feux d'une » guerre civile, au moment qu'un péril » commun vous preſſe de vous réunir ».

Le fier Huaſcar n'en voulut pas entendre davantage. Mais la franchiſe courageuſe, la noble fierté d'Alonzo laiſſerent dans tous les eſprits l'étonnement & le reſpect ; l'Inca lui-même en fut ſaiſi.

« Je ne ſais, diſoit-il, mais cette race » d'hommes a quelque choſe d'impoſant » & de ſupérieur à nous. Je veux gagner » la bienveillance & l'eſtime de celui-ci. » Qu'on lui rende tous les honneurs qui » ſont dus à ſon miniſtere & à la dignité » dont il eſt revêtu ».

Il l'admit à ſa table ; & prenant avec lui le ton de l'amitié : « Caſtillan, lui

» dit-il, je veux bien accéder, autant » que je le puis sans honte, à la paix » que tu me proposes. Qu'Ataliba garde » son apanage; qu'il regne à Quito, » j'y consens, mais tributaire de l'Em- » pire, & obligé de rendre hommage à » l'aîné des fils du Soleil ».

Quoiqu'il y eût peu d'apparence qu'Ataliba subît cette condition, Alonzo ne crut pas devoir la rejeter sans l'en instruire; &, en attendant sa réponse, il eut le temps de voir tout ce qui décoroit, & au dedans & au dehors, cette florissante Cité.

NOTES.

(*a*) *A-Travers les hautes montagnes, les abîmes & les torrens*]. La route de Quito à Cuſco, & par-delà, avoit cinq cents lieues. Elle fut faite ſous le regne de *Huaïna Capac.* Sous le même regne, on en fit une de la même étendue dans le plat pays, & pluſieurs autres qui traverſoient l'Empire, du centre aux extrêmités. C'étoient des levées de terre de quarante pieds de largeur, qui mettoient les vallées au niveau des collines.

(*b*) *Faiſoient circuler l'eau des fleuves*]. Un de ces canaux, dans les plaines du couchant, avoit cent cinquante lieues de longueur, du ſud au nord.

CHAPITRE XXX.

LE temple du Soleil, le palais du Monarque, ceux des Incas, celui des Vierges, la forteresse à triple enceinte qui dominoit la ville & qui la protégeoit, les canaux qui, du haut des montagnes voisines, y répandoient en abondance les eaux vives & salutaires, l'étendue & la magnificence des places qui la décoroient, ces monumens, dont il ne reste plus que de déplorables ruines, le frappoient d'admiration. « Sans le fer, » disoit-il, sans l'art des méchaniques, » la main de l'homme a opéré tous ces » prodiges ! Elle a roulé ces rochers » énormes ; elle en a formé ces murailles » dont la structure m'épouvante, dont la » solidité ne cédera jamais qu'aux lentes » secousses du temps, & à l'écroulement » du globe. On peut donc suppléer à tout » par le travail & la constance » ?

Mais il voyoit avec effroi cet amas incroyable d'or, qui, dans le temple & les palais, tenoit lieu du fer, du bois & de l'argile, &, ſous mille formes diverſes, éblouiſſoit par-tout les yeux (*a*). « Ah! » diſoit-il, en ſoupirant, ſi jamais l'ava- » rice européenne vient à découvrir ces » richeſſes, avec quelle avide fureur elle » va les dévorer » !

Le culte du Soleil avoit à Cuſco une majeſté ſans égale. La magnificence du temple, la ſplendeur de la Cour, l'affluence des Peuples, l'ordre des Prêtres du Soleil & le chœur des Vierges choiſies (*), plus nombreux & plus impoſants, donnoient, dans cette ville, à la pompe du culte un caractere ſi auguſte, qu'Alonzo même en fut pénétré de reſpect.

Il y avoit dans toutes les fêtes, des rites, des jeux, des feſtins, des ſacrifices uſités. Ce qui diſtinguoit celle du mariage, c'étoit le don du feu céleſte.

(*) A Cuſco elles étoient au nombre de 1500.

Alonzo la vit célébrer. C'étoit le jour où le Soleil, terminant sa course au midi, se repose sur le tropique, pour revenir sur ses pas vers le nord.

On observoit l'instant où le flambeau du jour étant sur son déclin, les colonnes mystérieuses formoient, vers l'orient, une ombre égale à elles-mêmes; & alors l'Inca, prosterné devant le Soleil son pere : « Dieu bienfaisant, lui disoit-il, tu » vas t'éloigner de nous, & rendre la vie » & la joie aux Peuples d'un autre hé- » misphere, que l'hiver, enfant de la nuit, » afflige loin de toi; nous n'en murmu- » rons pas. Tu ne serois pas juste, si tu » n'aimois que nous, & si, pour tes en- » fans, tu oubliois le monde. Suis ton » penchant; mais laisse-nous, comme un » gage de ta bonté, une émanation de » toi-même; & que le feu de tes rayons, » nourri sur tes autels, répandu chez ton » Peuple, le console de ton absence, & » l'assure de ton retour ».

Il dit, & présente au Soleil la surface

creuſe & polie d'un cryſtal (*b*) enchâſſé dans l'or, artifice myſtérieux qu'on avoit grand ſoin de cacher au Peuple, & qui n'étoit connu que des Incas. Les rayons croiſés en un point, tombent ſur un bûcher de cedre & d'aloès, qui tout-à-coup s'enflamme, & répand dans les airs le plus délicieux parfum.

C'étoit ainſi que le ſage Manco avoit fait atteſter aux Indiens, par le Soleil lui-même, qu'il l'envoyoit pour leur donner des loix. « O Soleil, lui dit-il, ſi je » ſuis né de toi, que tes rayons, du » haut des cieux, allument ce bûcher » que ma main te conſacre »; & le bûcher fut allumé.

La multitude, en voyant ce prodige ſe renouveller tous les ans, fait éclater les tranſports de ſa joie; chacun s'empreſſe à recueillir une parcelle du feu céleſte; le Monarque le diſtribue à la famille des Incas; ceux-ci le font paſſer au Peuple; & les Prêtres veillent au ſoin de l'entretenir ſur l'autel.

Alors s'avancent les amans que l'âge appelle aux devoirs d'époux (*c*) ; & rien de plus majeſtueux que ce cercle immenſe, formé d'une floriſſante jeuneſſe, la force & l'eſpoir de l'Etat, qui demande à ſe reproduire, & à l'enrichir à ſon tour d'une poſtérité nouvelle. La ſanté, fille du travail & de la tempérance, y regne, & s'y joint avec la beauté, ou ſupplée à la beauté même.

« Enfans de l'Etat, dit le Prince, c'eſt » à préſent qu'il attend de vous le prix » de votre naiſſance. Tout homme qui » regarde la vie comme un bien, eſt » obligé de la tranſmettre, & d'en mul- » tiplier le don. Celui-là ſeul eſt diſpenſé » de faire naître ſon ſemblable, pour qui » c'eſt un malheur que de vivre & que » d'être né. S'il en eſt quelqu'un parmi » vous, qu'il éleve la voix ; qu'il diſe ce qui » lui fait haïr le jour : c'eſt à moi d'écou- » ter ſes plaintes. Mais ſi chacun de vous » jouit paiſiblement des bienfaits du So- » leil mon pere, venez, en vous donnant

» une foi mutuelle, vous engager à re» produire & à perpétuer le nombre des » heureux ».

On n'entendit pas une plainte; & mille couples, tour-à-tour, se présenterent devant lui. « Aimez-vous, observez les loix, » adorez le Soleil mon pere », leur dit le Prince; & pour symbole des travaux & des soins qu'ils alloient partager, il leur faisoit toucher, en se donnant la main, la bêche antique de Manco, & la quenouille d'Oello, sa laborieuse compagne.

Alonzo, parcourant des yeux ce cercle de jeunes beautés, soupira, & dit en lui-même: « Ah! si dans cette fête, Cora, » tu paroissois, fille céleste, tous ces » charmes seroient effacés par les tiens ».

L'une des jeunes épouses, en approchant de l'Inca, avoit les yeux mouillés de pleurs. Le Prince, qui s'en apperçoit, lui demande ce qui l'afflige. Elle gardoit encore un timide & triste silence. L'Inca daigne la rassurer. « Hélas! dit-elle,

» j'espérois consoler l'amant de ma sœur : » car ma sœur est si belle, qu'on la ré- » serve pour le temple ; & le malheureux » Ircilo, à qui mon pere la refuse, ve- » noit pleurer auprès de moi. Elina, me » dit-il un jour, tu n'es pas aussi belle, » mais tu es aussi douce : ton cœur est » bon, il est sensible ; tu aimes tendre- » ment Méloé ; je sais combien tu lui es » chere ; je croirai la voir dans sa sœur : » tiens-moi lieu d'elle, par pitié. Je re- » fusai d'abord : Méloé, toute en pleurs, » me pressa de prendre sa place. Qui le » consolera, si ce n'est toi, me dit-elle? » Vois comme il est affligé. Je le veux » bien, lui dis-je, si cela le console. Il » le croyoit ; il le promit. Hé bien, il » vient de m'avouer qu'il ne peut jamais » aimer qu'elle, & qu'il la pleurera tou- » jours ».

L'Inca fit appeller le pere d'Elina & de Méloé. « Amenez-moi Méloé, lui » dit-il. Vous la réservez pour le temple ; » mais le Soleil veut des cœurs libres,

» & le ſien ne l'eſt pas. Elle aime ce jeune » homme; & je veux qu'il ſoit ſon époux. » Pour Elina, je prendrai ſoin de lui en » choiſir un digne d'elle ».

Le pere obéit. Méloé s'avance affligée & tremblante. Mais, dès qu'elle voit Ircilo, & qu'elle entend que c'eſt à lui qu'on accorde ſa main, ſa beauté ſe ranime; un doux raviſſement éclate ſur ſon front; & levant ſes yeux attendris ſur les yeux de ſon jeune amant : « Tu » ne ſeras donc plus affligé, lui dit-elle? » C'eſt tout ce que je ſouhaitois ».

Un nouveau couple ſe préſente; & tout-à-coup un jeune homme éperdu fend la foule, s'élance entre les deux époux, & tombant aux pieds de l'Inca: « Fils du Soleil, s'écria-t-il, empêchez » Oſaï de manquer à la foi qu'elle m'a » donnée : c'eſt moi qu'elle aime. Elle » va faire ſon malheur, en faiſant le » mien ».

Le Roi, ſurpris de ſon audace, mais touché de ſon déſeſpoir, lui permit de parler. « Inca, dit-il, daigne m'entendre. » C'étoit le temps de la moiſſon ; je faiſois celle de mon pere ; on annonça » celle du ſien. Hélas ! diſois-je, c'eſt » demain qu'on moiſſonne le champ du » pere d'Oſaï ; mes rivaux s'y rendront » en foule ; quel malheur, ſi je n'y ſuis » pas ! Hâtons-nous, redoublons d'ardeur pour achever la moiſſon de mon » pere. J'en vins à bout ; j'étois épuiſé de » fatigue ; j'allai me repoſer ; le ſommeil » me trompa ; & quand je m'éveillai, » votre pere éclairoit le monde. Déſolé, » j'arrive ; & je trouve Oſaï dans les » champs, avec le jeune Mayobé, qui, » dès l'aube du jour, avoit moiſſonné » avec elle. Va, Nelti, tu ne m'aimes » point, & tu ne chéris point mon pere, » me dit-elle avec mépris : l'amour & » l'amitié auroient été plus diligens. Elle » ne voulut point m'entendre ; & depuis, » elle n'a ceſſé de m'éviter & de me fuir. » Mais elle m'aime encore ; oui, ſois » sûr qu'elle m'aime : car elle, qui jamais

» ne trompe, m'a dit ſouvent : Nelti, je
» n'aimerai que toi ».

« Oſaï, demanda le Prince, eſt-il vrai?
» – Non, jamais je n'euſſe aimé que
» lui; mais l'ingrat! il a négligé la moiſ-
» ſon de mon pere, qui l'aimoit comme
» ſon enfant ». A ces mots elle s'attendrit.
« Tu l'aimes, & tu lui pardonnes, reprit
» l'Inca. Reçois ſa main. Et toi, dit-il à
» Mayobé, cede-lui ſon amante; & pour
» te conſoler, regarde : celle-ci n'eſt-elle
» pas aſſez belle? – Ah! ſi belle, qu'Oſaï
» même ne l'efface point à mes yeux, dit
» le jeune homme. – Hé bien, ſi tu lui
» plais, je te la donne, dit le Prince.
» Y conſentez-vous Elina? – Je le veux
» bien, dit-elle, pourvu qu'il ne s'afflige
» pas : car c'eſt la joie du mari qui fait la
» gloire de la femme. Ma mere me l'a dit
» ſouvent, & mon cœur me le dit auſſi ».

Tels étoient, parmi ce bon Peuple,
les plus grands troubles de l'amour.

Au milieu des chants & des danſes
qui précédoient le ſacrifice, un prodige
parut

parut dans l'air ; & il attira tous les yeux. On vit un aigle assailli & déchiré par des milans, qui, tour-à-tour, fondoient sur lui d'un vol rapide (*). L'aigle, après s'être débattu sous leurs griffes tranchantes, tombe, épuisé de sang, au pied du trône de l'Inca, & au milieu de sa famille. Le Roi, comme le Peuple, en fut d'abord saisi d'étonnement & de frayeur ; mais, avec cette fermeté qui ne l'abandonnoit jamais : « Pontife, dit-il, immolez sur l'au» tel du Soleil mon pere, cet oiseau, » l'image frappante de l'ennemi qui nous » menace, & qui vient tomber sous nos » coups ».

Le Pontife invita le Prince à venir dans le sanctuaire. « Je vous suis, lui dit » Huascar ; mais cachez la frayeur qui se » peint sur votre visage. Le vulgaire n'a » pas besoin qu'on l'avertisse de trembler ». « Regardez, lui dit le Pontife, avant » que d'entrer dans le temple, ces trois

(*) Ce trait est pris de Garcilasso.

» cercles empreints ſur le front pâliſſant » de l'épouſe du Soleil ». La Lune ſe levoit alors ſur l'horizon ; & l'Inca vit diſtinctement trois cercles marqués ſur ſon diſque, l'un couleur de ſang, l'autre noir, l'autre nébuleux, & ſemblable à une trace de fumée.

« Prince, lui dit le Prêtre, ne nous » déguiſons pas la vérité de ces préſages. » Ce cercle de ſang eſt la guerre ; le cercle » noir annonce les revers ; & ce trait de » fumée, plus effrayant encore, eſt le » préſage de la ruine ».

« Le Soleil, lui dit le Monarque, vous » a-t-il révélé ce malheureux avenir ? – » Je l'entrevois, dit le Pontife ; le Soleil » ne m'a point parlé. – Laiſſez-moi donc, » reprit l'Inca, le dernier bien qui reſte » à l'homme, l'eſpérance, qui l'encou» rage, & le ſoutient dans ſes malheurs. » Tout ce qui peut n'être qu'un jeu, » qu'un accident de la nature, ne ſe doit » jamais expliquer comme un ſigne pro» digieux, à moins qu'il ne ſoit à propos

» d'en intimider le vulgaire. Ce n'eſt » pas ici le moment ».

NOTES.

(*a*) EBLOUISSOIT *par-tout les yeux*]. Les Hiſtoriens ont pouſſé juſqu'à l'extravagance l'exagération de ces richeſſes. Il y avoit, dit Garcilaſſo, des bûchers de lingots d'or, en forme de bûches, des greniers remplis de grains d'or, &c.

(*b*) *D'un cryſtal*]. Ils avoient le cryſtal de roche. Garcilaſſo dit que l'on tiroit le feu céleſte avec une petite coupe d'or, *comme la moitié d'une orange*, que le Grand-Prêtre portoit en bracelet.

(*c*) *Que l'âge appelle aux devoirs d'époux*]. Vingt-cinq ans pour les garçons, & vingt ans pour les filles. (*Idem*).

CHAPITRE XXXI.

HUASCAR, loin de laiſſer paroître le trouble élevé dans ſon ame, ſe montra, aux yeux d'Alonzo, plus ferme & plus réſolu que jamais. Il le mena le lendemain dans ces jardins (*) éblouiſſans, où l'on voyoit imités en or, & avec aſſez d'induſtrie, les plantes, les fleurs, & les fruits qui naiſſent dans ces climats. Ce qui eût été parmi nous un exemple inoui de luxe, n'annonçoit là que l'abondance & l'inutilité de l'or.

De ces jardins, où l'art s'étoit joué à copier la nature, l'Inca fit paſſer Alonzo dans ceux où la nature même étaloit ſes propres richeſſes. Ils occupoient un vallon charmant, au bord du fleuve Apurimac. Ces jardins étoient l'abrégé des campagnes du Nouveau Monde. Des touffes d'arbres majeſtueux, aſſociant leurs

(*) Ceci eſt hiſtorique.

ombres, mariant leurs rameaux, formoient, par la variété de leurs bois & de leur feuillage, un mêlange rare & frappant. Plus loin, des bosquets, composés d'arbustes couronnés de fleurs, attiroient & charmoient la vue. Là, des prairies odorantes répandoient les plus doux parfums. Ici, les arbres d'un verger, ployant sous le poids de leurs fruits, étendoient & ployoient leurs branches au-devant de la main, dont ils sollicitoient le choix. Là, des plantes, d'une vertu ou d'une saveur précieuse, sembloient présenter à l'envi des secours à la maladie, & des plaisirs à la santé.

Alonzo parcouroit ces jardins enchantés, d'un œil triste & compatissant. « Ces » beaux lieux, disoit-il, ces asyles sacrés » de la paix & de la sagesse, seront-ils » violés par nos brigands d'Europe? & » sous la hache impie les verrai-je tom- » ber, ces arbres, dont l'antique ombrage » a couvert la tête des Rois »?

Non loin de Cusco est un lac que le

Peuple Indien révere : car ce fut, dit-on, ſur ſes bords que Manco deſcendit, avec Oello, ſa compagne ; & au milieu du lac eſt une île riante, où les Incas ont élevé un ſuperbe temple au Soleil. Cette île eſt un lieu de délices ; & ſa fertilité ſemble tenir de l'enchantement. Ni les prairies de Chita, où l'on voyoit bondir les troupeaux du Soleil, ni les champs de Colcampara, dont la moiſſon lui étoit conſacrée, ni la vallée de Youcaï, qu'on appelloit le jardin de l'Empire, n'égaloient cette île en beauté. Là, mûriſſoient les fruits les plus délicieux ; là, ſe recueilloit le maïs, dont la main des Vierges choiſies faiſoit le pain des ſacrifices.

Le Roi voulut auſſi lui-même y conduire Alonzo. Le jeune Caſtillan ne pouvoit ſe laſſer d'y admirer, à chaque pas, les prodiges de la culture.

Il vit les Prêtres du Soleil labourer eux-mêmes leurs champs. Il s'adreſſe à l'un d'eux, que ſa vieilleſſe & ſon air vénérable lui avoient fait remarquer.

« Inca, lui dit-il, seroit-ce à vous de » vaquer à ces durs travaux ? N'en êtes-» vous pas dispensé par votre ministere » auguste ? & n'est-ce point le profaner, » que de vous dégrader ainsi » ?

Quoiqu'Alonzo parlât la langue des Incas, celui-ci crut ne pas l'entendre. Appuyé sur sa bêche, il le regarde avec étonnement. « Jeune homme, lui dit-il, » que me demandes-tu ? & que vois-tu » d'avilissant dans l'art de rendre la terre » fertile ? Ne sais-tu pas que, sans cet » art divin, les hommes, épars dans les » bois, seroient encore réduits à disputer » la proie aux animaux sauvages ? Sou-» viens-toi que l'agriculture a fondé la » société, & qu'elle a, de ses nobles mains, » élevé nos murs & nos temples ».

« Ces avantages, dit Alonzo, honorent » l'inventeur de l'art ; mais l'exercice n'en » est pas moins humiliant & bas, autant » qu'il est pénible : c'est du moins ainsi » que l'on pense dans les climats où je » suis né ».

« Dans vos climats, dit le vieillard, » il doit être honteux de vivre, puisqu'on » attache de la honte à travailler pour se » nourrir ? Ce travail, sans doute, est » pénible, & c'est pour cela que chacun » y doit contribuer ; mais il est honorable » autant qu'il est utile ; & parmi nous, » rien ne dégrade que le vice & l'oisiveté ».

« Il est étrange cependant, reprit Alonzo, » que des mains qui se consacrent aux au- » tels, & qui viennent d'y présenter les » parfums & les sacrifices, prennent, » l'instant d'après, la bêche & le hoyau, » & que la terre soit labourée par les en- » fans du Soleil ».

« Les enfans du Soleil font ce que fait » leur pere, dit le Prêtre. Ne vois-tu pas » qu'il est tout le jour occupé à fertiliser » nos campagnes ? Tu l'admires dans ses » bienfaits, & tu reproches à ses enfans » de l'imiter dans leurs travaux » !

Le jeune Espagnol, confondu, insistoit cependant encore. « Mais le Peuple, dit- » il, n'est-il pas obligé de cultiver pour

» vous les champs qui vous nourriſſent » ?

« Le Peuple eſt obligé de venir à notre » aide, dit le vieillard ; mais c'eſt à nous » d'être avares de ſa ſueur ».

« Vous avez, dit Alonzo, de quoi » payer ſes peines ; & votre ſuperflu... » – Nous n'en avons jamais, dit le vieil- » lard. – Comment ! ces richeſſes im- » menſes ? – Ces richeſſes ont leur emploi. » Si tu as vu nos ſacrifices, ils conſiſtent » dans une offrande pure, dont la plus » légere partie eſt conſumée ſur l'autel : » le reſte en eſt diſtribué au Peuple. Tel » eſt l'emploi que le Soleil veut que l'on » faſſe de ſes biens. C'eſt lui rendre le culte » le plus digne de lui : c'eſt ſur-tout à ce » caractere que l'on reconnoît ſes enfans. » Nos beſoins ſatisfaits, le reſte de nos » biens n'eſt plus à nous : c'eſt l'apanage » de l'orphelin & de l'infirme. Le Prince » en eſt dépoſitaire ; c'eſt à lui de le diſ- » penſer : car perſonne ne doit mieux » connoître les beſoins du Peuple, que le » pere du Peuple ».

« Mais, en vous dépouillant ainſi, ne » retranchez-vous point de la vénération » qu'auroit pour vous la multitude, ſi elle » vous voyoit vous-mêmes répandre avec » magnificence ces richeſſes, qui vous » échappent obſcurément & ſans éclat » ?

Le ſage vieillard, à ces mots, ſourit modeſtement ; & ſes mains reprirent la bêche.

« Pardonnez, lui dit Alonzo, à l'im» prudence de mon âge : je vois que je » vous fais pitié ; mais je ne cherche qu'à » m'inſtruire ».

« Mon ami, lui dit le vieillard, je ne » ſais ſi le faſte & la magnificence inſpi» reroient autant de vénération que la » ſimplicité d'une vie innocente ; mais ce » ſeroit une raiſon de plus de nous dé» pouiller de nos biens : car, en nous flat» tant d'être aimés & honorés pour nos » richeſſes, nous nous diſpenſerions peut» être de nous décorer de vertus ».

Alonzo quitta le vieillard, attendri de ſa piété, & pénétré de ſa ſageſſe.

Il témoigna le desir de voir les sources de cet or, dont l'abondance l'étonnoit ; & l'Inca voulut bien lui-même l'accompagner sur l'Abitanis, la plus riche des mines que l'on connût encore. Un Peuple nombreux, répandu sur la croupe de la montagne, y travailloit à tirer l'or des veines du rocher, mais avec indolence. Alonzo s'apperçut qu'à peine on daignoit effleurer la terre, & qu'on abandonnoit les veines les plus riches, dès qu'il falloit s'ensevelir pour les suivre dans leurs rameaux « Ah ! dit-il, que les Castillans » pousseront ces travaux avec bien plus » d'ardeur ! Peuple timide & foible, ils te » feront pénétrer dans les entrailles de la » terre, en déchirer les flancs, en sonder » les abîmes, t'y creuser un vaste tombeau. » Encore n'assouviras-tu point leur impi» toyable avarice. Tes maîtres opulens, » paresseux & superbes, deviendront tri» butaires des talens & des arts de leurs » laborieux voisins ; ils verseront dans » l'Europe les trésors de l'Amérique ; &

» ce ſera comme le bitume jeté dans la » fournaiſe ardente : la cupidité, irritée » par la richeſſe & par le luxe, s'étonnera de voir ſes beſoins renaiſſans ramener toujours l'indigence ; l'or, en » s'accumulant, s'avilira bientôt lui-même; » le prix du travail, en croiſſant, ſuivra » le progrès des richeſſes; leur ſtérile abondance, dans des mains plus avides, fera » moins que leur rareté ; & toi, malheureux Peuple, & ta poſtérité, vous aurez » péri dans ces mines, épuiſées par vos » travaux, ſans avoir enrichi l'Europe. » Hélas ! peut-être même en aurez-vous » accru la miſere avec les beſoins, & les » malheurs avec les crimes ».

J.M. Moreau, inv. J.B. Simonet, Sculp.

Ô malheureux enfant! qui m'eut dit qu'un jour tu aurois à rougir de ton pere?

CHAPITRE XXXII.

ALONZO, de retour à la ville du Soleil, y reçut la réponſe d'Ataliba; elle étoit conçue en ces mots : « Si le » Roi de Cuſco a oublié la volonté de » ſon pere, celui de Quito s'en ſouvient. » Il deſire d'être l'ami & l'allié de ſon » frere; mais il ne ſera jamais au nombre » de ſes vaſſaux ».

Le jeune Ambaſſadeur, qui voyoit le moment où la guerre alloit s'allumer, voulut préparer Huaſcar au refus de l'Inca ſon frere; & l'ayant attiré au temple où étoient les tombeaux des Rois : « Explique-» moi, lui dit-il, Inca, par quel privilege » ton pere eſt le ſeul, entre tous ces Rois, » qui regarde en face l'image du Soleil? » — C'eſt comme ſon enfant chéri, lui ré-» pondit l'Inca, qu'il a ſeul cette gloire. » — *Son enfant chéri!* N'eſt-ce pas la com-» plaiſance & le menſonge qui l'ont décoré

» de ce titre? – Tout ſon Peuple le lui a
» donné, & tout un Peuple n'eſt point
» flatteur. – Crois-moi, fais ceſſer, dit
» Alonzo, cette injuſte diſtinction : tu
» ſais bien qu'il n'en eſt pas digne. – Etran-
» ger, dit l'Inca, reſpecte & ma préſence
» & ſa mémoire. – Comment veux-tu,
» reprit Alonzo, que je reſpecte un Roi
» que ſon fils va demain déclarer inſenſé,
» parjure & ſacrilege? N'a-t-il pas cou-
» ronné ton frere? n'a-t-il pas violé les
» loix? Celui dont les derniers ſoupirs
» ont allumé les feux de la guerre civile
» entre les enfans du Soleil, a-t-il mérité
» d'avoir place dans le temple du Soleil,
» & de le regarder en face? Ou tu es
» injuſte, ou il le fut : la guerre eſt ton
» crime ou le ſien. Choiſis : car le Roi de
» Quito eſt réſolu de s'en tenir à la vo-
» lonté de ſon pere ».

Un courſier fougueux & ſuperbe n'eſt pas plus étonné du frein qu'un maître habile & courageux lui a mis pour la premiere fois, que ne le fut le fier Inca de l'intérêt puiſſant qu'oppoſoit Alonzo à ſa colere impétueuſe. « Tu as donc reçu, » dit-il au jeune Caſtillan, la réponſe de » ce rebelle ? – Oui, dit Alonzo ; &, » grace au ciel, il eſt digne, par ſa con-» ſtance, d'être ton ami & le mien. Je » le déſavouerois, ſi, légitime Roi, il ſe » fût rendu tributaire ».

Huaſcar, plein de colere, rentra dans ſon palais. Le reſſentiment, la vengeance furent les premiers mouvemens qui s'éleverent dans ſon cœur. Mais, en y cédant, il falloit déshonorer ſon pere, outrager ſa mémoire ; c'étoit, dans les mœurs des Incas, le comble de l'impiété. La nature ſe ſoulevoit à cette effroyable penſée ; & l'ame d'Huaſcar, tour-à-tour emportée par deux ſentimens oppoſés, ne ſavoit, dans le trouble où elle étoit plongée, auquel des deux s'abandonner.

Ce fut dans ce combat pénible, que ſon épouſe favorite, la belle & modeſte Idali, le trouva livré à lui-même, & ſi violemment agité, qu'elle n'approcha qu'en tremblant. Idali menoit par la main le jeune Xaïra, ſon fils, deſtiné à l'Empire; & ſes yeux, tendrement baiſſés ſur cet enfant, verſoient des pleurs. Le Roi, levant ſur elle un regard triſte & ſombre, la voit pleurer, lui tend la main, & lui demande le ſujet de ſes larmes « Hélas! » je ſuis tremblante, lui dit-elle. J'étois » avec mon fils; je careſſois l'image d'un » époux adoré. Ocello, votre auguſte » mere, arrive pâle & déſolée, le trouble » & l'effroi dans les yeux. Tendre & » malheureuſe Idali! m'a-t-elle dit, tu te » complais dans cet enfant, ton unique » eſpérance; tu t'applaudis de ſa deſti- » née; mais hélas! qu'elle eſt incertaine, » & que le droit qui l'appelle à l'Empire » eſt mal aſſuré déſormais! Voilà qu'une » paix odieuſe met la volonté des Incas » à la place de nos loix ſaintes; & » l'exemple une fois donné, tout leur » ſera permis. Le caprice d'un homme, » l'adreſſe d'une femme, le charme de la » nouveauté, la ſéduction d'un moment » ſuffit

» ſuffit pour renverſer toutes nos eſpé-» rances. Le ſceptre des Incas paſſera » dans les mains de celle qui aura ſurpris » un dernier mouvement d'amour ou de » foibleſſe. Le fils de l'Etrangere cou-» ronné dans Quito, & reconnu Roi lé-» gitime, rien ne peut plus être ſacré. » Ah! cher enfant! a-t-elle dit encore, » en preſſant mon fils dans ſes bras, puiſſe » ton pere, après avoir autoriſé le parjure » de ton aïeul, ne pas s'en prévaloir lui-» même! Ainſi a parlé votre mere; & » elle demande à vous voir ».

A l'inſtant Ocello parut; & aux reproches de l'Inca, qui s'offenſoit de ſes alarmes, elle ne répondit qu'en l'accablant lui-même des reproches les plus amers.

Rivale de Zulma, rivale abandonnée, elle gardoit au fils la haine qu'elle avoit eue pour la mere. Le nom d'Ataliba lui étoit odieux. L'amour jaloux a beau s'affoiblir avec l'âge; même en mourant, il laiſſe ſon venin dans la plaie: on ceſſe d'aimer l'infidelle ; on ne ceſſe point de haïr l'objet de l'infidélité. C'eſt avec cette haine pour le ſang de Zulma, que la plus fiere des Pallas (*) s'efforça d'animer ſon fils à la vengeance.

« Hé bien, venez-vous, lui dit-elle, » de céder à l'orgueil rébelle de l'uſurpa- » teur de vos droits ? Venez-vous d'an- » noncer au monde que les loix du Soleil » doivent toutes fléchir devant les volon- » tés d'un homme ? que l'ivreſſe, l'égare- » ment, le caprice d'un Roi fait le ſort d'un » Etat ? qu'un pere injuſte peut exclure » ſon fils de l'héritage auquel la nature » l'appelle, & en diſpoſer à ſon gré » ?

« Je ſuis loin d'applaudir, lui répondit » l'Inca, à ces dangereuſes maximes ; & » ſi je diſſimule l'iniquité d'un pere, » croyez que je m'y vois forcé ». Alors il lui dit les raiſons qui s'oppoſoient à ſon reſſentiment.

(*) C'eſt le nom qu'on donnoit aux femmes du ſang royal.

« Ces raiſons ſpécieuſes, lui repliqua
» ſa mere, m'en cachent deux, que je
» pénetre, & que vous n'oſez avouer.
» L'une eſt l'eſpoir qu'à votre tour, il vous
» ſera permis de mettre la paſſion à la
» place des loix; & déja de fieres rivales
» partagent entre leurs enfans les débris
» de votre héritage & de l'Empire du So-
» leil. L'autre raiſon qui vous retient,
» c'eſt l'indolence & la molleſſe, la peine
» de prendre les armes, & la frayeur
» d'être vaincu : ainſi du moins va le pen-
» ſer tout un Peuple, témoin de cette
» paix infâme; & de vaines raiſons ne
» l'éblouiront pas. Le regne de tous vos
» aïeux a été marqué par la gloire; le
» vôtre le ſera par une honte ineffaçable.
» Cet Empire qu'ils ont fondé, qu'ils ont
» étendu, affermi par leur courage & leur
» conſtance, vous, par votre foibleſſe,
» vous en aurez hâté la décadence & la
» ruine; le ſang aura perdu ſes droits; & le
» premier exemple de ce lâche abandon,
» c'eſt mon fils qui l'aura donné! Eſt-ce-là

» honorer la mémoire d'un pere ? & pour » lui, & pour vos aïeux, & pour ce Dieu » lui-même, dont vous êtes iſſu, le plus » coupable des outrages n'eſt-ce pas d'a- » vilir leur ſang ? Si votre pere eut des » vertus, imitez-les ; s'il eut un moment » de foibleſſe, avouez, en la réparant, » ce que vous ne pouvez cacher, qu'il » fut homme, fragile, & une fois ſéduit » par les careſſes d'une femme ; & après » cet aveu, faites céder aux loix, qui ſont » toujours ſages & juſtes, la paſſion, qui » eſt aveugle, & le caprice paſſager, que » le regret déſavoue & condamne ».

L'Inca voulut inſiſter ſur les maux qu'entraînoit la guerre civile. « Non, » non, dit-elle ; allez ſouſcrire à cette » paix déshonorante que l'uſurpateur vous » impoſe ; & s'il le faut, pour le fléchir, » mettez votre ſceptre à ſes pieds. O mal- » heureux enfant ! s'écria-t-elle enfin, en » embraſſant le jeune Prince, que je te » plains ! & qui m'eût dit qu'un jour tu » aurois à rougir de ton pere » ? A ces mots elle s'éloigna.

L'Inca, mortellement bleſſé de ces reproches, ſortit, & fit dire à l'inſtant à l'Ambaſſadeur de Quito, que la guerre étoit déclarée, & qu'il ſe hâtât de partir. Alonzo lui fit demander qu'il voulût bien le voir encore; mais ſes inſtances furent vaines; & le ſoir même il fut remmené au-delà de l'Abancaï.

CHAPITRE XXXIII.

Ataliba fut consterné, quand il apprit le mauvais succès de l'entremise d'Alonzo. Il s'enferme seul avec lui ; & après l'avoir entendu : « Roi superbe, » s'écria-t-il, rien ne peut donc te fléchir ; » tu veux ou ma honte, ou ma perte ! Le » ciel est plus juste que toi, & il punira » ton orgueil ». A ces mots, se précipitant dans les bras du jeune Espagnol : « O mon ami ! s'écria-t-il, que de sang » tu vas voir répandre ! Nos Peuples » égorgés l'un par l'autre !... Il l'a voulu ; » il sera satisfait ; mais la peine suivra le » crime ».

« Dispose de moi, lui dit Alonzo. Avec » la même ardeur que j'implorois la paix, » laisse-moi repousser la guerre ; & quel » que soit le sort des armes, permets à » ton ami de vaincre, ou de mourir à tes » côtés ».

« Non, dit le Prince, en l'embraſſant, » je ne veux point t'aſſocier aux forfaits » d'une guerre impie. Garde-moi ta va- » leur pour des périls dignes de toi. Tu » n'es pas fait, ſenſible & vertueux jeune » homme, pour commander des parri- » cides. C'eſt bien aſſez que j'y ſois con- » damné. Toi ſeul, & quelques vrais » amis, à qui j'ai confié mes peines, » vous liſez au fond de mon cœur. Le » reſte du monde, en voyant la diſcorde » armer les deux freres, confondra l'inno- » cent avec le criminel. Laiſſe-moi ma » honte à moi ſeul; & ménage tes jours, » pour ne partager que ma gloire ».

Orozimbo & ſes Mexicains, Capana & ſes Sauvages vouloient auſſi s'armer pour ſa défenſe. Mais il les refuſa de même; & il ne leur permit, comme au jeune Eſpagnol, que de l'accompagner juſqu'aux champs d'Alauſi, ſur les confins des deux Royaumes.

Cependant, à l'un des ſommets du mont Ilinîſſa, l'Inca de Quito fit arborer l'étendard de la guerre ; & ſes Peuples, à ce ſignal, ſe mirent tous en mouvement.

C'eſt dans les fertiles plaines de Riobamba qu'ils s'aſſemblent ; & les premiers qui ſe préſentent, ſont les Peuples de ces campagnes, qu'enferment, du nord au midi, deux longues chaînes de montagnes : vallons délicieux, & plus voiſins du ciel que la cime des Pyrénées (*a*).

Du pied du Sangaï, dont le ſommet brûlant fume ſans ceſſe au-deſſus des nuages, du mugiſſant Cotopaxi (*b*), du terrible Latacunga (*c*), du Chimboraço, près duquel l'Emus, le Caucaſe, l'Atlas ne ſeroient que d'humbles collines (*d*), du Cayambur, qui, noirci de bitume, le diſpute au Chimboraço, tous ces Peuples courent aux armes pour la défenſe de leur Roi.

Des régions du nord s'avancent ceux d'Ibara & de Carangué, Peuple indigent, fourbe & féroce, avant qu'il eût été dompté, mais depuis heureux & fidele. Il avoit jadis égorgé ſur l'autel de ſes Dieux, & dévoré dans ſes feſtins les Incas qu'on lui avoit laiſſés pour l'apprivoiſer & l'inſtruire. Ce crime fut ſuivi d'un châtiment épouvantable; & le lac où furent jetés les corps mutilés des perfides (*e*), s'eſt appellé le lac de ſang (*).

A ce Peuple ſe joint celui d'Otovalo, pays fertile (*f*), & ſillonné de mille ruiſſeaux qui, ſous un ciel brûlant, répandent une ſalutaire fraîcheur.

Des rivages du couchant, depuis Acamès juſques aux champs de Sullana, tous les peuples de ces vallées, qu'arroſent l'Emeraude, la Saya, le Dolé, & les rameaux du fleuve dont la rapidité refoule les flots du golfe de Tumbès, viennent, le carquois ſur l'épaule & la lance à la main, ſe rendre où l'Inca les appelle; & dès qu'il les voit aſſemblés (**) il leur parle en ces mots:

« Peuples, que mon pere a ſoumis par

(*) *Yahuar-Cocha.*

(**) Ils étoient au nombre de 30,000.

» ses bienfaits autant que par ses armes, » vous souvient-il de l'avoir vu, avec » ses cheveux blancs, & son air véné» rable, s'asseoir au milieu de vous, & » vous dire : Soyez heureux ; c'est tout le » prix de ma victoire ? Il est mort ce bon » Roi ; il a laissé deux fils, & il leur a » dit en mourant : Regnez en paix, l'un » au midi, & l'autre au nord de mon » Empire. Mon frere alors, content de » ce partage, a dit à ce pere expirant : Ta » volonté sacrée sera pour nous une loi. Il » l'a dit, & il se dément, & il prétend » me dépouiller de l'héritage de mon » pere. Peuples, je vous prends pour mes » juges. Abandonnez-moi, si j'ai tort ; » si j'ai raison, défendez-moi. — Tu as » raison, s'écrierent-ils d'une commune » voix ; & nous embrassons ta défense. » — Voilà mon fils, reprit l'Inca, celui » qui me doit succéder, & me surpasser » en sagesse ; car il a, comme moi, » l'exemple des Rois nos aïeux, & de » plus il aura le mien. — Qu'il vive,

» répondent ces Peuples ; & quand tu ne » ſeras plus, qu'il nous rappelle ſon pere. » – Venez donc, pourſuivit l'Inca, dé-» fendre mes droits & les ſiens. Mon » frere, plus puiſſant que moi, me dé-» daigne, & fait à loiſir les apprêts d'une » guerre, dont ſans doute il ſe flatte que » le ſignal me fait trembler ; je veux le » prévenir, avant qu'il ait pu raſſembler » ſes forces. Demain nous marchons à » Cuſco ».

Dès le jour ſuivant, il s'avance, par les champs d'Alauſi, vers les murs de Cannare, ville célebre encore par ſa magnificence & par ſes tréſors enfouis. Les Incas, en la décorant de murs, de palais & de temples, en avoient fait une fortereſſe, pour dominer ſur les Chancas.

Cette nation des Chancas, nombreuſe, aguerrie & puiſſante, embraſſe une foule de Peuples. Les uns, comme ceux de Curampa, de Quinvala & de Tacmar, fiers de ſe croire iſſus du lion, qu'adoroient leurs peres, se présentent, encore vêtus de la dépouille de leur Dieu, le front couvert de sa criniere, & portant dans les yeux son orgueil menaçant. D'autres, comme ceux de Sulla, de Vilca, d'Hanco, d'Urimarca, se vantent d'être nés, ceux-là d'une montagne, ceux-ci d'une caverne, ou d'un lac, ou d'un fleuve, à qui leurs peres immoloient les premiers nés de leurs enfans. Ce culte horrible est aboli; mais on n'a pu les détromper de leur fabuleuse origine; & cette erreur soutient leur courage guerrier.

A l'approche d'Ataliba, ces Peuples, surpris sans défense, lui firent demander pourquoi, les armes à la main, il pénétroit dans leur pays? « Je vais, leur ré-» pondit l'Inca, supplier le Roi de Cusco » de m'accorder son alliance, & lui ju-» rer, s'il y consent, sur le tombeau de » notre pere, une inviolable amitié ».

Rien ne ressembloit moins à un Roi suppliant, que ce Prince à la tête d'une puissante armée; mais on fit semblant de le croire ; & trompé par les apparences, il alloit paſſer plus avant, lorſqu'il vit entrer dans ſa tente l'un des Caciques du pays. Ce Cacique, qu'avoit bleſſé l'orgueil de l'Inca de Cuſco, ſalue Ataliba, & lui tient ce langage : « Tu crois paſſer » en ſûreté chez un Peuple à qui tu dé» fends qu'on faſſe injure & violence ; » apprends que dans un conſeil, où je » viens d'aſſiſter, on a conſpiré contre toi. » Je t'aime, parce qu'on m'aſſure que tu » es affable & bon ; & je hais ton rival, » parce qu'il eſt dur & ſuperbe. Il m'a » humilié. Je ſuis fils du lion ; je ne veux » pas qu'on m'humilie ».

Ataliba rendit grace au Cacique, & conſulta ſes Lieutenans ſur l'avis qu'il avoit reçu. Ses Lieutenant étoient Palmore & Corambé, tous deux nourris dans les combats, ſous les drapeaux du Roi ſon pere, & révérés des troupes, qu'ils avoient aguerries dans la conquête de Quito. « Prince, lui dit l'un d'eux, » voyez ces plaines où s'élevent des

» monceaux d'oſſemens enſevelis ſous » l'herbe ; ce ſont les reſtes honorables » de vingt mille Chancas, morts dans » une bataille (*g*), en défendant leur » liberté. Leurs enfans ne ſont point des » hommes ſans courage. Vainqueurs, » nous leur impoſerons, je le crois ; mais » le ſort des combats eſt trompeur ; & » celui-là eſt inſenſé qui n'en prévoit pas » l'inconſtance. J'oſe eſpérer de vaincre, » ſans me diſſimuler que nous pouvons » être vaincus ; & alors je les vois, ces » Peuples, enhardis par notre défaite, » tomber ſur une armée alors éparſe & » fugitive, & achever de l'accabler. Ne » négligez donc pas l'avis de ce Cacique. » La fortereſſe de Cannare eſt un point » d'appui, de défenſe, & de ralliement au » beſoin. Ce poſte, auquel le ſalut de » l'armée eſt attaché, ne peut être remis » en des mains trop fidelles ; &, ſi j'oſe » le dire, Inca, c'eſt à vous-même à le » garder ».

L'Inca ne vit, dans ce conſeil prudent,

que l'intention de le laiſſer en un lieu ſûr; & il le prit pour une offenſe. « Si ma pré-» ſence vous fait ombrage, dit-il à Coram-» bé, vous me connoiſſez mal. Votre âge, » vos exploits, l'eſtime de mon pere, vous » ont acquis ma confiance; & je n'ai » jamais ſu la donner à demi. Vous com-» manderez; je ſerai votre premier Sol-» dat : on apprendra de moi à vous obéir » avec zele; & ſi la victoire eſt à nous, » n'ayez pas peur que votre Roi vous en » dérobe le mérite. Quant au ſoin de » mes jours, ce n'eſt pas le moment de » nous en occuper. Ce ſont mes droits » qu'on va défendre; il ſeroit honteux » que, ſans moi, l'on combattît pour moi. » Ne me parlez donc plus de me tenir » loin des combats ».

« Non, Prince, lui dit Corambé, je vous » ſervirois mal, ſi je vous croyois lâche; » mais moi, vous me croyez jaloux & » envieux de votre gloire. Vous vous re-» procherez d'avoir fait cette injure au » zele d'un ami, que votre pere a mieux » connu ».

« Ah ! généreux vieillard, pardonne, » lui dit l'Inca, en l'embraſſant. J'ai été » un moment injuſte. Mais pourquoi vou» loir me laiſſer oiſif à l'ombre de ces » murs » ?

« J'y reſterai, lui dit Corambé. Laiſſez» moi trois mille hommes, & ces vail» lans Caciques, & cet Étranger, qui, » comme eux, ne demande qu'à vous » ſervir ». L'Inca n'héſita point. Alonzo, Capana, le vaillant Orozimbo, les Sauvages, les Mexicains applaudirent tous avec joie, réſolus de verſer leur ſang pour la défenſe de l'Inca. Ayant donc laiſſé avec eux trois mille hommes d'élite dans les murs de Cannare, il fit avancer ſon armée vers les champs de Tumibamba.

NOTES.

NOTES.

(*a*) QUE *la cime des Pyrenées*]. Le ſol du vallon de Quito eſt élevé au-deſſus du niveau de la mer de quatorze cents ſoixante toiſes, c'eſt-à-dire plus que le Canigou & le Pic du midi, les plus hautes montagnes des Pyrenées. (M. de la Condamine).

(*b*) *Du mugiſſant Cotopaxi*]. Ses éruptions ont été terribles en 1738, 1743, 1744, 1750 & 1753. En 1753 la flamme s'élevoit à cinq cents toiſes au-deſſus du ſommet de la montagne. En 1743 le bruit de l'éruption ſe fit entendre à cent vingt lieues. Le volcan a lancé à trois lieues dans la plaine, des éclats de rocher de douze à quinze toiſes cubes. (*Idem*).

(*c*) *Du terrible Latacunga*]. En 1738 le tremblement de cette montagne renverſa le bourg de ſon nom & celui de Hambato. Les habitans furent preſque tous enſevelis ſous les ruines.

(*d*) *Ne ſeroient que d'humbles collines*]. La hauteur du Chimboraço eſt de trois mille deux cent vingt toiſes au-deſſus du niveau de la mer.

(*e*) *Les corps mutilés des perfides*]. Au nombre de deux mille ſelon Garcilaſſo, & de vingt mille ſelon Pédro de Cieça.

(*f*) *Pays fertile*]. La terre y produit cent cinquante pour un.

(*g*) *Morts dans une bataille*]. Sous le regne de l'Inca Roca : il resta sur la place trente mille hommes, huit mille du côté des Incas. La plaine Sascahuana, où se donna cette bataille, fut appellée *Yahuar-pampa*, *Campagne de sang*. Voyez le Chapitre 30.

CHAPITRE XXXIV.

CEPENDANT le Roi de Cuſco ſe hâtoit d'aſſembler ſes troupes ; & tous les peuples d'alentour quittoient leurs champs, voloient aux armes, & ſe rendoient auprès de lui.

Des bords de ce lac célebre (*) où Manco deſcendit, les peuples d'Aſſilo, d'Avancani, d'Uma, d'Urco, de Cayavir, de Mullama, d'Aſſan, de Cancola & d'Hillavi, compris ſous le nom de Collas, quittent leurs rians pâturages, où ils adoroient autrefois un bélier blanc, comme le Dieu de leurs troupeaux, & la ſource de leurs richeſſes. Ils ſe diſent nés de ce lac que leurs cabanes environnent ; & c'eſt le Lethé, où leurs ames ſe replongent après la vie, pour revoir

(*) Le lac de Collao.

un jour la lumiere, & paſſer dans de nouveaux corps.

De ſon côté s'avance la fiere & courageuſe nation des Charcas. C'eſt la raiſon qui l'a ſoumiſe & non pas la force des armes. Lorſque les Incas lui annoncerent qu'ils venoient lui donner des loix, ſes jeunes guerriers pleins d'ardeur demanderent tous à combattre, & à mourir, s'il le falloit, pour la défenſe de leur liberté. Les vieillards leur firent l'éloge de la ſageſſe des Incas, & de leur bonté généreuſe; les armes leur tomberent des mains; & ils allerent tous en foule ſe proſterner aux pieds de ce fils du Soleil qui vouloit bien régner ſur eux.

Plus ſage encore avoit été le vaillant peuple de Chayanta. Sa réduction volontaire ſous la puiſſance des Incas, eſt le modele des bons conſeils. Le Prince qui l'alloit ſoumettre, lui fit dire qu'il lui apportoit des loix, des mœurs, une police, un culte, une façon de vivre enfin plus raiſonnable & plus heureuſe. « S'il

» eſt vrai, répondirent les Chayantas aux » députés, votre Roi n'a pas beſoin d'une » armée pour nous réduire. Qu'il la laiſſe » ſur nos frontieres ; qu'il vienne, & qu'il » nous perſuade ; nous lui ſerons ſoumis : » c'eſt au plus ſage à commander. Mais » qu'il promette auſſi de nous laiſſer en » paix, ſi, après l'avoir entendu, nous » ne voyons pas comme lui, à changer » de culte & de mœurs, l'avantage qu'il » nous annonce ». A des conditions ſi juſtes, l'Inca vint preſque ſans eſcorte ; il parla, il fut écouté ; & quand ce Peuple eut bien compris qu'il étoit utile pour lui de ſe ranger ſous les loix des Incas, il ſe ſoumit & rendit graces. Tels étoient ces Sauvages, que les Européens n'ont cru pouvoir apprivoiſer que par le meurtre & l'eſclavage.

En plus petit nombre s'avancent les Peuples qui, vers l'orient, cultivent le pied des montagnes inacceſſibles des Antis. Leurs ayeux adoroient d'énormes couleuvres (*a*), dont ce pays ſauvage abonde. Ils adoroient auſſi le tigre à cauſe de ſa cruauté. Ils en ont abjuré le culte, mais ils font toujours gloire d'en porter la dépouille, & leur cœur n'en a point encore oublié la férocité. Chez les Antis, dont ils deſcendent, la mere, avant de préſenter la mamelle à ſon nourriſſon, la trempe dans le ſang humain, afin qu'ayant ſucé le ſang avec le lait, les enfans en ſoient plus avides.

Du côté du nord, ſe replient vers les bords de l'Apurimac, les peuples de Tumibamba, de Caſſamarca, de Zamore, & cette nation farouche, dont les murs ont gardé le nom du Contour (*), le Dieu de ſes peres. Un panache des plumes de cet oiſeau terrible (*b*) diſtingue les enfans de ſes adorateurs, & flotte ſur leur tête altiere.

Après eux vient l'élite des peuples de Sura, pays fertile où germe l'or, de

(*) Cuntur-Marça.

Rucana, où la beauté ſemble être un des dons du climat, tant la nature en eſt prodigue; & des champs de Pumalacta (*), autrefois repaire ſauvage des lions que l'homme adoroit.

Des plaines du couchant ſe raſſemblent en foule les vaillans peuples d'Imara, de Collapampa, de Quéva, par qui l'Empire fut ſauvé de la révolte des Chancas (**), & qui portent encore les marques de leur gloire. Ces marques ſont pour eux les mêmes que pour les enfans du Soleil (*c*).

Enfin venoient les habitans des riches vallées d'Yca, de Piſco, d'Acari, de Naſca, de Rimac, docilement ſoumis; & ceux d'Huaman plus rébelles, mais enfin réduits à leur tour. Lorſqu'on leur avoit propoſé de recevoir le culte & les loix des Incas, ils avoient répondu qu'ils

(*) Dépôt du lion.

(**) Sous l'Inca Roca. *Voyez* les Chap. 30 & 34.

adoroient la mer, divinité féconde & libérale; qu'ils ne défendoient point aux peuples des montagnes d'adorer le Soleil, qui leur faisoit du bien, & dont la chaleur tempéroit l'âpreté de leurs froids climats; mais que pour eux qu'il consumoit, & dont il brûloit les campagnes, ils n'en feroient jamais leur Dieu; qu'ils étoient contens de leur roi comme de leur divinité, & qu'au prix de leur sang ils étoient résolus à les défendre l'un & l'autre. La guerre fut longue & terrible; mais l'ennemi, pour les réduire, ayant fait couper les canaux qui arrosoient leurs sillons arides, la nécessité fit la loi; & la douce équité du regne des Incas justifia leur violence.

Ces Nations à peine étoient rendues sous les murailles de Cusco, lorsqu'on apprit que le Roi de Quito s'avançoit vers Tumibamba. Huascar vouloit aller l'attendre au passage du fleuve qui baigne ces campagnes. Mais la fortune le servit mieux que la prudence & le conseil.

Ataliba avoit paſſé le fleuve ; & ſur la colline oppoſée il vouloit établir ſon camp. Le jour penchoit vers ſon déclin. L'armée de Quito avoit fait une longue marche ; & le ſoldat, excédé de fatigue, n'eût demandé que le repos. Mais le zele donnant des forces, on montoit la colline avec ſécurité. Tout-à-coup, ſur la cime, ſe préſente en colonne l'armée du Roi de Cuſco. A la vue de l'ennemi, elle ſe déploie ; à l'inſtant le ſignal du combat ſe donne. L'avantage du lieu, du nombre, ſur des troupes déjà vaincues par l'épuiſement de leurs forces, l'emporta ſur la valeur. Ceux de Quito, vingt fois ralliés & rompus, ne durent leur ſalut qu'aux ombres de la nuit, qui favoriſa leur retraite. Il fallut repaſſer le fleuve ; & le Roi qui voulut en perſonne protéger ce paſſage, tomba aux mains des ennemis.

Huaſcar dédaigna de le voir. « Il aura » le ſort d'un rébelle, dit-il. Qu'on le » garde avec ſoin dans le fort de Tumi» bamba ».

Ce désaſtre porta la déſolation dans l'armée du Roi captif. Tout le camp étoit en tumulte. Le fils d'Ataliba y couroit éperdu, & crioit à ſes Peuples en leur tendant les bras : « Mes amis ! ren- » dez-moi mon pere ». Sa douleur, ſon égarement redoubloit encore la triſteſſe dont les eſprits étoient frappés.

Palmore affligé, mais tranquille, va au-devant de Zoraï, & le ramenant dans ſa tente, lui dit : « Prince, modérez-vous. » Rien n'eſt déſeſpéré. Vos Peuples ſont » fideles. Votre pere eſt vivant. Il vous » ſera rendu. – Vous me flattez, dit le » jeune homme, tremblant de frayeur & » de joie. – Je ne vous flatte point : il » vous ſera rendu, dit le vieillard. Allez, » & donnez à vos Peuples l'exemple de » la fermeté ».

La nuit vint ; un ſilence morne, répandu dans toute l'armée, marquoit la conſternation. Palmore, ſeul, enfermé dans ſa tente, veillant & méditant, ſe diſoit à lui-même : « Que ferai-je ? Si par

» la force je veux délivrer mon Roi : je » connois bien ſon ennemi : il le fera » périr, plutôt que de le rendre ; & ſi » je laiſſe voir de l'irréſolution, de la » foibleſſe & de la crainte, le découra- » gement s'empare de l'armée : elle va » tout abandonner ».

Comme il étoit plongé dans ces triſtes penſées, un vieux ſoldat ſe préſente à lui. « Me reconnois-tu, lui dit-il ? J'ai » combattu ſous tes enſeignes dans la » conquête de Quito. Tu vois encore » mes cicatrices. Quand le Cacique de » Tacmar fut vaincu, pris & enfermé » dans le fort de Tumibamba, je fus » l'un de ſes gardes. On vint pour l'en- » lever ; & par une longue caverne, on » alloit percer ſa priſon. L'entrepriſe fut » découverte ; & Tacmar, réduite à ſe » rendre, obtint que ſon Cacique fût » mis en liberté. La paix fit oublier la » guerre ; & l'on négligea de combler le » chemin creuſé ſous le fort : ſeulement » d'épais mangliers en dérobent l'entrée ;

» mais elle m'eſt connue ; & ſi la priſon » de l'Inca eſt, comme je le crois, la » priſon du Cacique, je ne veux que dix » hommes, d'un courage éprouvé, pour » le délivrer cette nuit ».

Palmore applaudit à ſon zele, lui dit de ſe choiſir lui-même des compagnons dignes de lui, & dans le plus profond ſilence il les voit s'éloigner du camp. Mais il paſſe la nuit dans les plus cruelles alarmes. Il craint, il eſpere, il médite l'incertitude, l'apparence, le danger de l'évenement. Il y va de la liberté & de la vie de ſon Roi. Il l'aura ſauvé, ou perdu. Ce moment fatal en décide.

Cependant le Roi de Quito gémit ſous le poids de ſes chaînes, plus tourmenté par la penſée de ſes Peuples & de ſon fils, que par le ſentiment de ſon propre malheur.

Tout-à-coup, au milieu de ces réflexions, où ſon ame étoit abîmée, il entend un bruit ſouterrein. Il écoute ; ce bruit approche. Il ſent frémir la terre ſous ſes pas. Il recule ; il la voit s'écrouler. A l'inſtant s'éleve, comme d'un tombeau, un homme qui, ſans lui parler, lui fait le geſte du ſilence, & l'ayant ſaiſi par la main, l'entraîne dans l'abîme qui vient de s'ouvrir devant lui.

Ataliba, ſans réſiſtance, ſe livre à ſon guide ; il le ſuit, &, à l'iſſue de la caverne, il ſe voit entouré de Soldats qui lui diſent : « Venez, Prince. Vous êtes » libre. Venez ; vos Peuples vous at» tendent. Rendez-leur la vie & l'eſpoir. » – Je ſuis libre ! & par vous ! O mes » libérateurs ! leur dit-il, en les embraſ» ſant, que ne vous dois-je pas ! Serai-je » aſſez puiſſant pour vous récompenſer » jamais ? Achevez. Il s'agit de frapper » les eſprits par l'apparence d'un prodige. » Cachez-leur que c'eſt vous qui m'avez » délivré ». Ils lui promettent le ſilence ; &, à la faveur de la nuit, Ataliba paſſe le fleuve, arrive dans ſon camp, & pénetre ſans bruit juſqu'à la tente de Palmore.

Le vieillard, qu'avoit épuisé le tourment de l'inquiétude, en revoyant son Maître, se jette à ses genoux. L'Inca le releve & l'embrasse. « Soldats, que l'un » de vous, sans bruit, coure annoncer » au Prince le retour de son pere », dit » Palmore ; & l'instant d'après arrive, dans l'égarement de la surprise & de la joie, ce fils si tendre & si chéri. Les transports mutuels du jeune Inca & de son pere furent interrompus, au réveil de l'armée, par les cris d'une multitude empressée à revoir son Roi. Il parut ; les cris redoublerent : « Le voilà : c'est lui : » c'est lui-même. Il est libre. Il nous est » rendu ».

« Oui, Peuple, dit Ataliba, le Soleil » mon pere a trompé la vigilance de » mes ennemis. Il m'a fait échapper des » murs qui m'enfermoient. Ma délivrance » est son ouvrage ».

A ce récit la multitude ajoute, (car elle aime à exagérer l'objet de son étonnement) elle ajoute qu'Ataliba, pour s'échapper de sa prison, a été changé en serpent (*). Ce bruit vole de bouche en bouche. On le croit, & on le publie comme un signe éclatant de la faveur du ciel.

« Palmore, dit le Roi, voilà bien le » moment de surprendre mes ennemis, » & de réparer ma disgrace ».

» Non, Prince, non, lui dit Palmore, » vous ne vous exposerez plus. C'est » assez des frayeurs que cette nuit nous » a causées. Allez vous joindre à ceux » qui défendent Cannare, & me ren» voyez Corambé ». Le Roi céda à ses instances; & il fit appeller son fils.

« Prince, lui dit-il, je vous laisse sous » la conduite de mes amis, & sous la » garde de mes Peuples. Souvenez-vous » de vos aïeux. Ils porterent dans les » combats une sage intrépidité. Imitez leur » prudence, ou plutôt consultez celle des » chefs qui vous commandent. Une sage

(*) Ce trait-là est d'après l'histoire.

» docilité pour les conseils de ceux que » les ans ont instruits, est la prudence » de votre âge. Mes amis, dit-il à Palmore & aux guerriers qui l'entouroient, » je vous le confie, & sur lui je vous » donne les droits d'un pere. Adieu, mon » fils. Reviens digne de toute ma ten- » dresse». A ces mots, pressant dans ses bras ce jeune homme, dont la beauté noble avec modestie, & fiere avec douceur, étoit l'image de la vertu dans l'ingénue adolescence, le Roi laissa échapper quelques larmes; & fixant sur Palmore & sur les Caciques un regard qui leur exprimoit toute l'émotion de son cœur paternel, il leur remit son fils, & détourna les yeux.

NOTES

NOTES.

(*a*) *Les énormes couleuvres*]. Elles ont jusqu'à vingt-cinq & trente pieds de longueur.

(*b*) *De cet oiseau terrible*]. Il est noir & blanc comme la pie. La nature lui a refusé des serres; mais il a le bec si dur & si fort, que d'un seul coup il perce le cuir d'un taureau. Ses aîles déployées ont plus de vingt pieds d'étendue. Deux de ces oiseaux suffisent pour tuer un taureau, & pour le dévorer.

(*c*) *Les mêmes que pour les enfans du Soleil*]. Les cheveux coupés, les oreilles percées, & la frange *Lautu* sur le front.

CHAPITRE XXXV.

TANDIS qu'Ataliba, pour retourner à Cannare, traverſoit les champs de Loxa, la révolte des Cannarins venoit d'éclater. Tout un Peuple environnoit la citadelle, & menaçoit de couper les canaux des fontaines qui l'abreuvoient. L'extrêmité étoit preſſante. Pour forcer ce Peuple aguerri à lever le ſiege, il falloit ſortir des murs, & l'attaquer, au riſque d'être enveloppé, & d'être accablé ſous le nombre.

Alors parut le plus étonnant des phénomenes de la nature. L'aſtre adoré dans ces climats s'obſcurcit tout-à-coup, au milieu d'un ciel ſans nuage. Une nuit ſoudaine & profonde inveſtit la terre. L'ombre ne venoit point de l'orient ; elle tomba du haut des cieux, & enveloppa l'horizon. Un froid humide a ſaiſi l'atmoſphere. Les animaux, ſubitement privés de la chaleur qui les anime, de la lumiere qui les conduit, dans une immobilité morne, ſemblent ſe demander la cauſe de cette nuit inopinée. Leur inſtinct, qui compte les heures, leur dit que ce n'eſt pas encore celle de leur repos. Dans les bois, ils s'appellent d'une voix frémiſſante, étonnés de ne pas ſe voir; dans les vallons, ils ſe raſſemblent & ſe preſſent en friſſonnant. Les oiſeaux, qui, ſur la foi du jour, ont pris leur eſſor dans les airs, ſurpris par les ténebres, ne ſavent où voler. La tourterelle ſe précipite au-devant du vautour, qui s'épouvante à ſa rencontre. Tout ce qui reſpire eſt ſaiſi d'effroi. Les végétaux eux-mêmes ſe reſſentent de cette criſe univerſelle. On diroit que l'ame du monde va ſe diſſiper ou s'éteindre; & dans ſes rameaux infinis, le fleuve immenſe de la vie ſemble avoir ralenti ſon cours.

Et l'homme! . . . . ah! c'eſt pour lui que la réflexion ajoute aux frayeurs de l'inſtinct le trouble & les perplexités d'une prévoyance impuissante. Aveugle & curieux, il se fait des fantômes de tout ce qu'il ne conçoit pas, & se remplit de noirs présages, aimant mieux craindre qu'ignorer. Heureux, dans ce moment, les Peuples à qui des Sages ont révélé les mysteres de la nature ! Ils ont vu sans inquiétude l'astre du jour, à son midi, dérober sa lumiere au monde ; sans inquiétude ils attendent l'instant marqué où notre globe sortira de l'obscurité. Mais comment exprimer la terreur, l'épouvante dont ce phénomene a frappé les adorateurs du Soleil ! Dans une pleine sérénité, au moment où leur Dieu, dans toute sa splendeur, s'éleve au plus haut de sa sphere, il s'évanouit ! & la cause de ce prodige, & sa durée, ils l'ignorent profondément. La ville de Quito, la ville du Soleil, Cusco, les camps des deux Incas, tout gémit, tout est consterné.

A Cannare, une horreur subite avoit glacé tous les esprits. Les assiégés, les assiégeans avoient le front dans la poussiere.

Alonzo, tranquille au milieu de ces Indiens éperdus, obſervoit avec un étonnement mêlé de compaſſion, ce que peuvent ſur l'homme l'ignorance & la peur. Il voyoit pâlir & trembler les guerriers les plus intrépides. « Amis, dit-il, » écoutez-moi. Le temps preſſe. Il eſt » important que votre erreur ſoit diſſipée. » Ce qui ſe paſſe dans le Ciel n'eſt point » un prodige funeſte. Rien de plus naturel: » vous l'allez concevoir; vous allez ceſſer » de le craindre ». Les Indiens, que ce langage commence à raſſurer, prêtent une oreille attentive; & Alonzo pourſuit. « Lorſqu'à l'ombre d'une montagne, vous » ne voyez point le Soleil; ſans vous » en effrayer, vous dites: la montagne » me le dérobe; ce n'eſt pas lui, c'eſt » moi qui ſuis dans l'ombre; il eſt le même » dans le ciel. Hé bien, au lieu d'une » montagne, c'eſt un globe épais & ſo» lide, un monde ſemblable à la terre, » qui dans ce moment paſſe au-deſſous » du Soleil. Mais ce monde, qui ſuit ſa

» route dans l'espace, va s'éloigner ; & » le Soleil va reparoître plus radieux » que jamais. N'ayez donc plus de peur » d'une ombre passagere, & profitez de » l'épouvante dont vos ennemis sont » frappés ».

Le caractere de l'erreur, chez les Peuples du Nouveau Monde, est de n'avoir point de racines. Elle tient si peu aux esprits, que le premier souffle de la vérité l'en détache. Ils l'ont prise sans examen, ils l'abandonnent sans regret. Alonzo, par le seul moyen d'une image claire & sensible, détrompa tous les esprits, & ranima tous les cœurs. On vit en effet le Soleil qui, comme un cercle d'or, brillant au bord de l'ombre, commençoit à se dégager. « Quoi ! ce n'est donc ni défaillance, ni colere dans notre Dieu ? » s'écrierent-ils ; & Corambé achevant de bannir leur crainte : « Soldats, dit-il, » j'ai déja vu arriver ce qu'il nous annonce. Il est plus éclairé que nous. » Hâtez-vous donc, prenez vos armes ;

» sortons, & chassons ces rebelles, que » la frayeur a déja vaincus ».

Aux cris des assiégés, qui, dès le crépuscule du jour renaissant, s'élançoient hors des murs de la citadelle, les Cannarins s'abandonnerent à une terreur insensée. On fit main basse sur leur camp, & un instant le mit en déroute; & le Soleil éclairant ses campagnes, les vit jonchées de mourans & de morts.

Alonzo, dans cette sortie, n'avoit point quitté Capana; & à la tête des Sauvages, ils achevoient de dissiper les bataillons qu'ils avoient rompus, lorsqu'ils virent de loin un autre combat s'engager. « Voilà, je crois, dit Alonzo, » une troupe de nos amis sur qui les » Cannarins se vengent. Volons à leur » secours ». Ils traversent la plaine avec la rapidité d'un vent orageux; & un tourbillon de poussiere marque la trace de leurs pas. Ils arrivent. C'étoit le Roi, c'étoit l'Inca lui-même, qu'une vaillante escorte environnoit, & défendoit contre une foule d'ennemis.

Au bandeau qui lui ceint la tête, à l'éclat de ſon bouclier, & plus encore à ſon courage, Alonzo reconnoît le Roi de Quito. L'éclair fend le nuage avec moins de vîteſſe que le glaive du Caſtillan n'entr'ouvre l'épais bataillon qui preſſe Ataliba. Celui-ci voit Alonzo, & croit voir la victoire. Il ne ſe trompoit pas. Leurs efforts réunis enfoncent, repouſſent, renverſent tout ce qui s'oppoſe à leurs coups.

Dès que les Cannarins, diſperſés devant eux, ont pris la fuite, Ataliba, ſe jettant dans les bras d'Alonzo : « Qu'il » m'eſt doux, lui dit-il, ô mon ami, de » te devoir ma délivrance ! Mais je ſuis » bleſſé. Je te laiſſe le ſoin de rallier mes » troupes. Fais grace aux vaincus déſar- » més ». A ces mots, pâle & chancelant, il ſe fit porter dans le fort.

Sa bleſſure étoit douloureuſe ; mais elle ne fut pas mortelle. La gomme du mulli, ce baume précieux, dont la nature a fait préſent à ces climats, comme pour expier le crime d'y avoir fait germer l'or, ce baume, verſé dans la plaie, en fut la guériſon, & rendit ce malheureux Prince à la vie & à la douleur.

Corambé porta dans le camp la nouvelle de la victoire de l'Inca ſur les Cannarins. Mais Palmore voulut attendre qu'elle fût répandue dans le camp ennemi, & qu'elle y eût jeté l'alarme. Alors il s'y rendit lui-même ; & parlant au Roi de Cuſco : « L'Inca ton frere, lui » dit-il, t'a demandé la paix ; & tu lui » as déclaré la guerre. Il eſt venu au-» devant de la guerre, & il demande » encore la paix. Un moment d'impru-» dence, qui t'a donné ſur nous l'avan-» tage d'une ſurpriſe, ne nous a point » découragés, & ne doit point t'enor-» gueillir. Nous ſouhaitons la paix, uni-» quement par amour de la paix, & par » la juſte horreur que nous fait la guerre » civile. Inca, peſe bien ta réponſe. Nos » lances ſont baiſſées ; nos arcs ſont » détendus ; la fleche de la mort repoſe

» dans le carquois ; ſonge, avant qu'elle » ſoit tirée, aux malheurs qu'un mot de » ta bouche peut prévenir, ou peut cau- » ſer. C'eſt ici ſur-tout que la parole eſt » meurtriere, & que la langue d'un Roi » eſt un dard à cent mille pointes. Tu » réponds au Soleil ton pere du ſang de » ſes enfans, & de celui de tes Sujets. » L'égalité, l'indépendance, mais la con- » corde & l'union, voilà ce que le Roi » ton frere me charge de t'offrir, & de » te demander ».

Le Monarque lui répondit, que les Incas ſes aïeux n'avoient jamais reçu la loi. Palmore, en gémiſſant, lui dit : « Hé bien, tu le veux ! ... A demain ». Et il retourna dans ſon camp.

L'aube du jour vit les deux armées ſe déployer dans la campagne. C'étoit la premiere fois, depuis onze regnes, qu'on voyoit arborer, dans les deux camps, l'étendard de Manco. C'eſt le gage de la victoire ; & le centre, où il eſt placé, eſt le point le plus important de l'attaque & de la défenſe.

Loin de ce centre périlleux, & ſur une éminence, du côté de Cuſco, étincelle, aux rayons du jour, le trône d'Huaſcar, porté par vingt Caciques, & ombragé d'un pavillon de plumes de mille couleurs. Huaſcar, du haut de ce trône, domine ſur la campagne, & ſemble préſider au ſort du combat qui va ſe donner.

Les deux armées, d'un pas égal, marchent l'une à l'autre ; & ſoudain le cri de guerre de ces Peuples, ce mot formidable, Illapa (*), répété par cent mille voix, fait retentir les bois & les montagnes. A ce cri redoublé ſe joint le ſifflement des fleches, qui vont ſe tremper dans le ſang.

Mais bientôt les carquois s'épuiſent ; & la flêche, dès ce moment, fait place

(*) On a déjà dit que ce mot ſignifie *l'éclair, le tonnerre & la foudre.*

au javelot, qui, lancé de plus près, porte des coups plus assurés. Bientôt on voit les bataillons flottans, s'éclaircir & se resserrer pour remplir & cacher leurs vuides. La douleur étouffe ses cris; la mort est farouche & muette; & pour ne pas donner à l'ennemi la joie d'entendre de honteuses plaintes, l'Indien renferme en lui-même jusqu'à son dernier soupir.

Au javelot succedent la hache & la massue : armes terribles chez des Peuples à qui le fer & le salpêtre, ces présens des furies, sont encore inconnus. Jusques-là une égale intrépidité avoit rendu le combat douteux : la victoire, incertaine entre les deux armées, planant sur le champ de bataille, trempoit, des deux côtés, ses aîles dans le sang. Mais le moment de la mêlée fit voir quel avantage avoient des Peuples aguerris sur des Peuples long-temps paisibles. Ce que l'armée de Cusco avoit de plus vaillant défendoit la colline. Le reste, composé de Pasteurs amollis dans une douce oisiveté, avoit l'avantage du nombre, qui ne peut balancer long-temps celui de la valeur. De nouveaux bataillons se présentoient en foule à la place de ceux qui, rompus & défaits, tournoient le dos à l'ennemi; mais ils succomboient à leur tour. Pas à pas l'ennemi s'avance, & menace d'envelopper le corps qui défend l'étendard. Le Roi de Cusco voit de loin fléchir le centre de son armée; il détache de la colline l'élite des Peuples guerriers qui gardoient sa personne. C'est ce qu'attendoit Corambé; & tandis que ce corps détaché vole au centre, lui-même, avec des bataillons qu'il a choisis & réservés, il marche droit à la colline, enfonce l'enceinte affoiblie du trône de l'Inca, s'ouvre par le carnage un chemin sanglant jusqu'à lui, le fait prendre vivant, le fait charger de liens, & l'entraîne.

Aussi-tôt mille cris funestes annoncent ce désastre. Le bruit s'en répand dans l'armée & y porte le désespoir. Tout s'épouvante & ſe diſperſe. On ne voit que des peuples déſolés, éperdus, jetter leurs armes & s'enfuir. La douleur, le trouble, l'effroi leur interdit même la fuite; ils tombent épars dans la plaine; & vaincus ils n'ont plus d'eſpoir qu'en la clémence des vainqueurs; mais c'eſt vainement qu'ils l'implorent. Plus de pitié : l'aveugle rage tranſporte ceux d'Ataliba. Les deux vieillards qui les commandent, ont beau leur crier de ceſſer, d'épargner le ſang; le ſang coule & ne peut les raſſaſier. Jamais ils ne croiront avoir aſſez vengé la perte qui les rend furieux & barbares. Leur Prince, le fils de leur Roi, Zoraï ne vit plus. O pere infortuné! que tu vas pleurer ta victoire!

A l'attaque de l'étendard, Zoraï s'avançoit à la tête des ſiens, qu'il animoit par ſon exemple. A ſa jeuneſſe, à ſa beauté, au feu de ſon courage, tous les cœurs ſe ſentoient émus. L'ennemi, le voyant s'expoſer à ſes coups, l'admiroit, le plaignoit, oublioit de le craindre, & aucun n'osoit le frapper. Un seul, & ce fut l'un des féroces Antis, au moment que le jeune Prince, au fort de la mêlée, venoit de saisir l'étendard, lui lance une fleche homicide. Le caillou dont elle est armée lui perce le sein. Il chancelle; ses Indiens s'empressent de le soutenir, mais hélas! inutilement. Le feu de ses regards s'éteint, l'éclat de sa beauté s'efface, le frisson de la mort commence à se répandre dans ses veines. Tel, sur le bord d'une forêt, un jeune cedre, déraciné par un coup de vent furieux, ne fait que se pencher sur les cedres voisins, qui le soutiennent dans sa chûte. On le croiroit encore vivant; mais la langueur de ses rameaux & la pâleur de son feuillage annoncent qu'il est détaché de la terre qui l'a nourri. Tel, appuyé sur ses Soldats, parut le jeune Inca, mortellement blessé. « O mon pere! dit-il, » d'une voix défaillante, ô quelle sera ta » douleur! Amis, achevez. Que mon

» sang lui ait au moins acquis la victoire.
» Vous envelopperez mon corps dans ce
» drapeau qui m'a coûté la vie, pour dé-
» rober aux yeux d'un pere une image
» trop affligeante, & pour le consoler,
» en l'assurant que je suis mort digne de
» lui ».

Le cri de la douleur, le cri de la vengeance retentissoient autour de lui. « Non,
» dit-il, c'est assez de vaincre; je ne veux
» point être vengé. Je suis Inca, & je
» pardonne ». On l'emporte loin du combat dont la fureur se renouvelle; & quelques instans après, soulevant sa paupiere vers les montagnes de Quito, il prononce encore une fois le nom, le tendre nom de pere, & il rend le dernier soupir. C'est dans ce moment même que des cris lamentables annoncent à ceux de Cusco que leur Roi vient d'être enlevé.

D'un côté l'épouvante, de l'autre côté la fureur, ne présentent dès-lors, dans les champs de Tumibamba, que la déroute & le carnage. Cusco fut prise & saccagée;

ſaccagée ; l'aîné des freres de ſon Roi, le vaillant & ſage Mango, qui la défendoit, vit enfin qu'il falloit périr, ou céder : il fit ſa retraite en combattant, & ſe ſauva vers les montagnes. A peine la fiere Ocello, la belle & touchante Idali, avec cet enfant précieux (*) que ſa naiſſance avoit deſtiné à l'Empire, eurent le temps de s'échapper ; & les Généraux d'Ataliba, après des efforts inouis pour faire ceſſer le ravage, rallierent enfin leurs troupes ſur le bord de l'Apurimac.

(*) Xaïra.

CHAPITRE XXXVI.

C'EST là que frémissoit Huascar, sous une garde inexorable. Palmore & Corambé, en entrant dans sa tente, se prosternent, selon l'usage, &, par des paroles de paix, tâchent de l'adoucir. Il souleve à peine sa tête; & d'un œil indigné regardant ses vainqueurs: « Traî» tres, dit-il, rompez mes chaînes, ou » trempez vos mains dans mon sang. » C'est insulter à mon malheur, que de » mêler ainsi le respect à l'outrage. Si je » suis Roi, rendez-moi libre; alors vous » vous prosternerez. Mais, si je ne suis » qu'un esclave, que ne me foulez-vous » aux pieds »?

A peine il achevoit ces mots, que son oreille fut frappée de cris & de gémissemens. « Tu n'es pas le seul malheureux, » lui dit Palmore. Ataliba vient de perdre » son fils. – Ah! je le verrai donc pleurer,

J. M. Moreau, le J.ne Del. 1776. De Launay. Junior Sculp.

Vois, cruel, ce que tu me coutes.

» s'écria Huaſcar avec une joie inhumaine.
» Puiſſe le ciel lui rendre tous les maux
» qu'il m'a faits » !

Les Peuples de Quito, raſſemblés dans leur camp, ont demandé à voir le corps du jeune Prince, que l'on déroboit à leurs yeux ; & ce ſont leurs cris de douleur & de rage qu'on vient d'entendre. On les appaiſe, on les retient, on les engage à repaſſer le fleuve ; & la marche de cette armée victorieuſe & conquérante, reſſemble à la pompe funebre d'un jeune homme, que ſa famille, dont il auroit été l'eſpoir, accompagneroit au tombeau. La conſternation, le deuil & le ſilence environnoient le pavois où le Prince étoit étendu, enveloppé dans cette enſeigne, triſte & glorieux monument de ſa valeur. Après lui, le Roi de Cuſco, porté ſur un ſiege pareil, jouiſſoit, au fond de ſon cœur, de la calamité publique.

Les deux Généraux d'Ataliba accompagnoient le lit funebre, l'œil morne, le front abattu, oubliant qu'ils venoient de conquérir un Empire, & ne penſant qu'à la douleur dont ce malheureux pere alloit être frappé.

« Hélas ! diſoit Palmore, il nous l'a » confié ; il l'attend ; ſes bras paternels » ſeront ouverts pour l'embraſſer ; & ce » n'eſt plus qu'un corps glacé que nous » allons lui rendre ! Comment paroître » devant lui » ?

« Il eſt homme, dit Corambé : ſon » fils étoit mortel : je le plains ; mais, » au lieu de flatter ſa foibleſſe, je veux » lui donner le courage de réſiſter à ſon » malheur. Laiſſez-moi devancer l'armée, » & le voir, avant que le bruit de cette » mort ſoit répandu ».

Ataliba, guéri de ſa bleſſure, mais foible encore & languiſſant, avoit eu le chagrin d'apprendre que la défaite des Chancas ne l'avoit que trop bien vengé. Il gémiſſoit ſur ſa victoire, roulant dans ſa penſée, avec inquiétude, les dangers qu'affrontoient pour lui ſon fils, ſes amis

& ſes Peuples, lorſqu'il s'entendit annoncer l'arrivée de Corambé. Surpris, impatient d'apprendre quel ſujet peut le ramener, il ordonne qu'on l'introduiſe. Corambé paroît devant lui. « Inca, lui » dit-il, c'en eſt fait : l'Empire eſt à toi » ſans partage : tes ennemis ſont tous dé- » truits ou déſarmés : Huaſcar eſt le ſeul » qui te reſte : il eſt captif ; on te l'amene ».

A peine il achevoit ces mots, Ataliba, tranſporté de joie, ſe leve, l'embraſſe, & lui dit : « Invincible guerrier, j'atten- » dois tout de toi & de celui qui te ſe- » conde ; mais ce prodige a paſſé mon » attente & les vœux que j'oſois former. » Acheve de mettre le comble au bon- » heur de ton Roi. Il eſt pere ; il reſſent les » alarmes d'un pere. Où eſt mon fils? où » l'as-tu laiſſé ? pourquoi n'eſt-il pas avec » toi ? – Ton fils..... il a vu des dangers » dont le plus courageux s'étonne. – Et ſans » doute il les a bravés ? Réponds. Ce » ſilence eſt terrible. – Que te dirois-je, » hélas ! Pour la premiere fois il voyoit

» l'horreur des batailles. La nature a des » mouvemens que la vertu ne peut dompter. – Ciel! qu'entends-je? Il a fui! il » s'eſt couvert de honte! il a déshonoré » ſon pere! – Eût-il mieux valu qu'exposé » à une mort inévitable, il s'y fût livré? » – Plût au ciel! – Hé bien, conſole-toi. Il s'eſt comblé de gloire, & il eſt » mort digne de toi. – Il eſt mort! – Ton » armée te l'apporte en pleurant : il en » fut l'amour & l'exemple. Jamais, dans » un âge ſi tendre, on n'a montré tant » de valeur ».

Ce coup terrible pénétra juſqu'au fond de l'ame d'un pere; mais il la ſoulagea, même en la déchirant. Il tombe accablé de douleur; & alors deux ſources de larmes coulent de ſes yeux. « Ah! cruel! » par quelle épreuve, diſoit-il, vous avez » préparé mon cœur à la conſtance! Vous » avez pu calomnier mon fils! & moi » j'ai pu vous croire! Ah! cher enfant! » pardonne : des larmes éternelles expie-» ront mon erreur. La gloire même de

» ta mort ne me la rend que plus cruelle.
» Jour déſaſtreux ! combat funeſte ! ah !
» c'eſt ainſi que le ciel venge le crime
» d'une guerre impie : les vaincus, les
» vainqueurs en partagent la peine hor-
» rible ; & ſa colere les confond ».

Il fallut prendre, pour ce pere affligé, le ſoin de ſon nouvel empire. Cette riche & vaſte conquête, fruit des travaux de onze regnes, & qu'il avoit faite en un jour, Cuſco, réduite ſous ſes loix, ſon rival même priſonnier & mis en ſon pouvoir, rien ne le touche. Il demande ſon fils. Le cortege s'avance. Le corps enveloppé dans l'enſeigne fatale, eſt dépoſé ſous ſes yeux. L'Inca le regarde en ſilence. Il fait ſigne au cortege & à ſa Cour de s'éloigner. On lui obéit ; & ſeul au fond de ſon palais avec l'objet de ſa douleur, il s'enferme ; il approche, & d'une main tremblante il ſouleve le voile, il découvre ce corps ſanglant ; il jette un cri, & ſe renverſe, comme frappé du coup mortel. Immobile & glacé lui-même, il eſt ſans couleur & ſans voix ; & quand il a repris ſes ſens, & que ſa douleur ſe ranime, il s'y abandonne tout entier. Cent fois il embraſſe ſon fils, cent fois, collant ſa bouche ſur ſes levres éteintes, & de ſon ſein preſſant ce cœur, qui ne bat plus contre le ſien, il demande au ciel de pouvoir le ranimer, en expirant lui-même. Tantôt, contemplant la bleſſure, il lave de ſes pleurs le ſang qui s'en eſt épanché ; tantôt ſes regards immobiles, fixés ſur les yeux de ſon fils, ſemblent y rechercher la vie. « Ah ! dit-il, ſi ce corps » glacé pouvoit revivre ! ſi ces yeux » pouvoient me revoir ! Hélas ! plus d'eſ» pérance ! Ils ſont fermés ces yeux ; ils » le ſont pour jamais. Ses graces, ſa » beauté, ſes vertus, rien n'a pu pro» longer ſes jours ; & d'un fils qui » faiſoit ma gloire & ma félicité, voilà » ce qui me reſte ». C'eſt ainſi qu'oubliant ſes proſpérités, ſon triomphe, il s'abîmoit dans ſa douleur.

Après qu'elle fut épuiſée , & que la nature affoiblie fut tombée de cet accès dans un ſtupide abattement , ce pere malheureux ſe laiſſa détacher des triſtes reſtes de ſon fils. Ses amis , & ſur-tout Alonzo, eſſayoient de le conſoler. « Ah! » laiſſez - moi , diſoit - il , payer à la » nature le tribut d'une ame ſenſible. » J'ai bu la coupe du bonheur ; j'en ai » épuiſé les délices. L'amertume eſt au » fond ; je veux m'en abreuver. Mon » fils , mon cher fils m'a donné tant de » douces illuſions ! tant de flatteuſes eſ- » pérances ! La douleur ſuit la joie ; » hélas ! elle ſera plus longue. C'eſt ſans » retour , c'eſt pour jamais que la joie » a quitté mon cœur ».

On lui parla de ſa puiſſance , du ſoin de l'affermir , des moyens de la conſer- ver « Qu'en ferois-je , dit-il , de cette » puiſſance accablante ? Suis-je un Dieu, » pour veiller ſur un Empire immenſe, » pour être ſans ceſſe & par-tout pré- » ſent à ſes beſoins ? Qu'on m'amene

» mon frere. Oui, je veux l'appaiſer ; » je veux que, témoin de mes larmes, » il en ſoit touché, qu'il me plaigne, » & qu'il me trouve encore plus mal- » heureux que lui ».

Huaſcar, chargé de liens, parut devant Ataliba. « Vois, lui dit ce pere » affligé, vois, cruel, ce que tu me » coûtes. – Il te ſied bien, répond le » farouche Huaſcar, de me reprocher » une mort, quand dix mille Incas égor- » gés ſont les victimes de ta rage ! Tu » pleures, tigre ! tu le dois ; mais eſt-ce- » là ce que tu pleures ? Va voir le » meurtre qu'on a fait des Peuples ſu- » jets de tes peres, Cuſco, ſes palais, » & ſes temples regorger du ſang des » vieillards, & des femmes, & des en- » fans, ſes murs ſaccagés, ſes cam- » pagnes, qui ne ſont plus que des tom- » beaux ; & pleure ton fils, ſi tu l'oſes ».

Ces terribles mots étoufferent dans le cœur d'Ataliba le ſentiment de ſon propre malheur : le Roi prit la place du pere.

Il regarde ſes Lieutenans, & les interroge des yeux. Leur ſilence même eſt l'aveu de ce qu'il vient d'entendre. « Il eſt donc » vrai, dit-il? & par une aveugle fureur » on m'a rendu exécrable à la terre! Cela » ſeul manquoit à mes maux ». Alors, renverſé ſur ſon trône, & détournant les yeux pour ne pas voir la lumiere, il reſte dans l'accablement, & ne reſpire que par de longs ſanglots. « Juſqu'à l'inſtant où ton » fils a péri, lui dit Palmore avec triſteſſe, » j'ai pu commander à tes Peuples; mais, » du moment qu'ils l'ont vu tomber, leur » douleur, transformée en rage, n'a plus » connu de frein. Punis-les, ſi tu veux, » de l'avoir trop aimé; ou pardonne à » leur déſeſpoir, dont la cauſe n'eſt que » trop juſte, & dont l'excuſe eſt dans ton » cœur. Ils ont vengé ton fils, comme » l'auroit vengé ſon pere ».

« Huaſcar, reprit Ataliba après un » long & douloureux ſilence, voilà les » excès effroyables où ſe portent les Na- » tions, lorſqu'une fois la diſcorde & la

» guerre ont rompu les nœuds les » plus ſaints, & chaſſé des cœurs la » nature. Étouffons ces fureurs dans nos » embraſſemens. Reprends ton ſceptre & » ton Empire, & pardonne-moi tes mal» heurs ».

Huaſcar indigné le repouſſe & lui dit : « Va, meurtrier de ma famille, va régner » ſur des morts, t'aſſeoir ſur des ruines, » & t'applaudir, en contemplant des maſ» ſacres & des débris. Tel eſt l'Empire » que tu m'offres. Je ne veux de toi que » la mort. Garde tes préſens, ta pitié ; » garde les fruits de tes forfaits ; qu'ils » en éterniſent la honte ; & que, pour » mieux te déteſter, les malheureux que » je te laiſſe ſoient condamnés à t'obéir ».

« Tu ſais, lui dit Ataliba, que les crimes » que tu m'imputes, ne ſont pas les miens; » tu le ſais ; mais ta douleur te rend in» juſte. Je laiſſe au temps à la calmer. Un » jour tu te reſſouviendras que j'ai déteſté » la guerre, que je t'ai demandé la » paix, que je te la demande encore, plus

» pénétré, plus accablé que toi des maux » que nous nous ſommes faits. Alors tu » retrouveras ton frere tel que tu le vois » aujourd'hui, traitable, humain, ſen- » ſible & juſte. Adieu. Je te laiſſe en ces » murs, captif, il eſt vrai, mais n'ayant » qu'à vouloir, pour ceſſer de l'être. Le » jour même que, ſur l'autel du Soleil » notre pere, tu conſentiras, avec moi, » à nous jurer une alliance & une paix » inviolable, ton trône, ton empire, » tout te ſera rendu ».

CHAPITRE XXXVII.

LA citadelle de Cannare fut la prison du Roi captif. Le vainqueur y laissa une garde fidelle sous le sévere Corambé. Il envoya Palmore gouverner en son nom les Etats de Cusco; & lui, rendant, sur son passage, aux vallons de Riobamba, de Muliambo, d'Iliniça, les laboureurs qu'il en avoit tirés, il retourne à Quito sans pompe, accompagné du lit funebre qui portoit son malheureux fils.

L'arrivée d'Ataliba fut le tableau le plus touchant d'une désolation publique. Sa famille éplorée vient au-devant de lui. Un Peuple nombreux l'accompagne; mais aucune voix ne s'éleve pour féliciter le vainqueur: on n'est occupé que du pere; & si la nuit déroboit à ses yeux tout ce Peuple qui l'environne, aux gémissemens échappés à travers un vaste silence, il se croiroit dans un déſert, où quelques malheureux égarés & plaintifs implorent le ſecours du ciel.

Dans cette foule, & au milieu de la famille de l'Inca, paroît une femme éperdue. Ses voiles déchirés, ſa tête échevelée, ſon ſein meurtri, ſes yeux égarés, ſa pâleur, les convulſions de la douleur dans tous les traits de ſon viſage, ſes mains qu'elle tend vers le ciel, tout annonce une mere, & une mere au déſeſpoir.

Du plus loin que l'Inca la voit, il deſcend de ſon ſiege, il va au-devant d'elle, & la recevant dans ſes bras: « Ma bien aimée, lui dit-il, le Soleil » notre pere a rappellé ton fils: il diſ» poſe de ſes enfans. Heureux celui que » l'innocence, la vertu, la gloire, l'amour » accompagnent juſqu'au tombeau! Il a » fait la moiſſon; il quitte le champ de la » vie. Ton fils a peu vécu pour nous, » mais aſſez pour lui-même: il emporte » avec lui ce que les ans donnent à peine, » & ce qu'un inſtant peut ravir, les regrets

» & l'amour du monde. Affligeons-nous
» de lui ſurvivre : l'homme à plaindre
» eſt celui qui pleure, & non pas celui
» qui eſt pleuré. Mais, par un excès de
» douleur, n'accuſons pas la deſtinée ;
» ne reprochons pas au Soleil d'avoir re-
» pris un de ſes dons ». Vérités conſolantes pour de moindres douleurs, mais trop foible ſoulagement pour le cœur d'une mere ! Elle demande à voir ſon fils ; on apporte à ſes pieds ce que la mort lui en a laiſſé ; & à l'inſtant, avec un cri qui part du fond de ſes entrailles, elle ſe jette ſur ce corps inanimé, elle l'embraſſe, elle le ſerre étroitement, elle l'inonde de ſes larmes, juſqu'à ce qu'elle-même, étouffée, expirante, elle ait perdu le ſentiment de la vie & de la douleur.

L'Inca, dans les bras d'Alonzo, ſentoit r'ouvrir, à cette vue, toutes les plaies de ſon cœur ; le jeune homme mêloit ſes larmes aux larmes de ſon ami ; & les neveux de Montezume, témoins de la déſolation

désolation d'une auguste famille, pensoient à leurs propres malheurs.

Aciloé (c'étoit le nom de cette mere infortunée) fut portée dans son palais ; & l'Inca se rendit au temple, où le corps de son fils, arrosé de parfums, fut déposé, en attendant le jour destiné à ses funérailles.

Après un humble sacrifice, pour rendre graces au Soleil, l'Inca sortit du temple, & sous le portique, où son Peuple l'environnoit, il éleva la voix & demanda silence. « Ma cause étoit juste, dit-il, & » notre Dieu l'a protégée ; mais l'aveugle » ardeur de mes troupes à nous venger, » mon fils & moi, a déshonoré ma vic- » toire ; & c'est moi qui porte la peine » des excès commis en mon nom. Peuple, » je veux bien expier ce qu'on a fait d'in- » juste & d'inhumain. Mais c'est assez » pour votre Roi d'être malheureux ; n'a- » chevez pas de l'accabler, en le croyant » coupable. Il ne l'est point. J'étois expi- » rant à Cannare, lorsqu'on y a versé tant

» de ſang ; j'étois éloigné de Cuſco, lorſ-
» qu'on l'a ſaccagée ; & j'ai déteſté ces
» fureurs. Je vous conjure, au nom du
» Dieu qui m'en punit, de m'en épargner
» le reproche. Puiſſe mon nom être effacé
» de la mémoire des hommes, avant
» qu'on y ajoute le ſurnom de cruel ! Le
» Roi mon frere, que le ſort a mis entre
» mes mains, ſera, malgré lui-même, un
» exemple de ma clémence. Cependant,
» ſi le cri de la calamité retentit juſqu'à
» vous, & s'il vous fait entendre qu'Ata-
» liba fut violent & ſanguinaire ; ô mon
» Peuple, élevez la voix, & répondez
» qu'Ataliba fut malheureux ».

Le ſoir même, avec Alonzo, ſoulageant ſon ame oppreſſée : « Mon ami,
» lui dit-il, tu ſais toute l'horreur que nos
» diſcordes m'inſpiroient ; l'événement a
» paſſé mes craintes ; & dans cet abîme
» de maux, je vois trop s'accomplir mes
» funeſtes preſſentimens. Vouloir la guerre,
» c'eſt vouloir tous les crimes & tous les
» malheurs à la fois. Dire à des meurtriers,

» qu'on aſſemble pour l'être, d'uſer de » modération, c'eſt dire aux torrens des » montagnes de ſuſpendre leur chûte & » de régler leur cours. Aucun Roi ne ſera » jamais plus réſolu que je l'étois, à ré- » primer l'emportement & les abus de la » victoire ; & voilà cependant que des » millions d'hommes me regardent comme » un fléau ».

« Hélas ! Prince, lui dit Alonzo, » l'homme, en proie à ſes paſſions, eſt » ſi foible contre lui-même, & ſi peu sûr » de ſe dompter ! comment pourroit-il » s'aſſurer d'une multitude effrénée, à » qui lui-même il a donné l'affreuſe liberté » du mal ! Mais tout cet Empire eſt témoin » que l'inflexible Roi de Cuſco vous a » forcé de tirer le glaive. Ne vous acca- » blez point vous-même d'un injuſte re- » proche ; & ſi les malheureux que la » guerre a faits, vous accuſent, laiſſez à » vos vertus répondre de votre innocence, » & repouſſez l'injure par la clémence & » les bienfaits ».

Ces paroles releverent le courage d'Ataliba ; & sa douleur fut suspendue jusqu'au jour qu'il avoit marqué pour les funérailles de son fils. C'étoit la fête du Soleil, lorsque, repassant l'équateur, il rentre dans notre hémisphere, & revient donner le printemps & l'été aux climats du nord. C'étoit aussi la fête de la Paternité.

CHAPITRE XXXVIII.

APRÈS les cantiques, les vœux & les offrandes accoutumées, le Monarque, assis sur son trône, au milieu d'un parvis (*) immense, ayant à ses pieds les Caciques, & les vieillards juges des mœurs (**), voit s'avancer les peres de famille, qui menent, chacun devant soi, leurs enfans parvenus à l'âge de l'adolescence. Ils s'inclinent devant l'Inca, & après l'avoir adoré, le pere, qui porte en ses mains un faisceau de palmes, les distribue à ceux de ses enfans qui ont fidellement rempli les saints devoirs de la nature. Ces palmes sont les monumens de la piété filiale. Tous les ans, chacun

(*) Cette Place s'appelloit *Cuci-pata*, lieu de réjouissance.

(**) *Lacta-Camayu* étoit le nom de ces Magistrats.

des enfans, dont l'obéiſſance & l'amour ont obtenu ce prix, l'ajoute à ſon trophée; & de ces palmes réunies, qu'il recueille dans ſa jeuneſſe, il compoſe le dais du ſiege paternel, d'où lui-même il dominera un jour ſur ſa poſtérité. Ce ſiege eſt dans chaque famille comme un autel inviolable : le chef a ſeul droit de s'y aſſeoir; & les palmes qui le couronnent, rappellant ſes vertus, diſent à ſes enfans : Obéiſſez à celui qui ſut obéir; révérez celui qui révéra ſon pere. Dès qu'il ſent la mort s'approcher, il ſe fait placer expirant ſous ce vénérable trophée, il y rend le dernier ſoupir; &, au moment de ſa ſépulture, ſes enfans détachent ces palmes pour en ombrager ſon tombeau. La menace la plus terrible d'un pere à ſon fils, qui s'oublie, c'eſt de lui dire : « Que fais-tu? malheureux! Si » tu es indigne de mon amour, tu n'auras » point de palmes ſur ta tombe ». C'eſt donc là le ſigne & le gage que chaque pere vient donner au Monarque, pere du Peuple, de l'obéiſſance, du zele & de l'amour de ſes enfans.

Si quelqu'un d'eux a manqué de remplir ces pieux devoirs, la palme lui eſt refuſée. Le pere, en ſoupirant, obéit à la loi, qui l'oblige de l'accuſer. Une plainte ſincere & tendre échappe à regret de ſa bouche ; & ſi le ſujet en eſt grave, l'enfant rebelle eſt exilé de la maiſon de ſon pere. Condamné, durant ſon exil, à la honte d'être inutile, attachée à l'oiſiveté, il n'eſt admis à la culture ni du domaine du Soleil, ni des champs de l'Inca, ni de celui des veuves, des orphelins & des infirmes ; le champ même qui nourrit ſon pere eſt interdit à ſes profanes mains. Ce temps d'expiation eſt preſcrit par la loi. Le malheureux jeune homme en compte les momens ; & on le voit, ſeul, étranger à ſes amis, à ſa famille, errer ſans ceſſe autour de la demeure paternelle, dont il n'oſe toucher le ſeuil. Celui dont l'exil finiſſoit avec l'année révolue, rentroit ce jour-là même en grace ; les Décurions (*) le ramenoient devant le trône du Monarque ; ſon pere lui tendoit les bras en ſigne de réconciliation ; à l'inſtant il s'y précipitoit avec la même ardeur qu'un malheureux, long-temps agité ſur les mers par les vents & par les tempêtes, embraſſe le rivage où le jettent les flots. Dès-lors il étoit rétabli dans tous les droits de l'innocence : car on ne connoiſſoit point chez ce Peuple ſi ſage, la coutume d'ôter au coupable puni tout eſpoir de retour dans l'eſtime des hommes. La faute une fois expiée, il n'en reſtoit aucune tache ; tout, juſqu'au ſouvenir, en étoit effacé.

Après que la clémence & la ſévérité ont donné d'utiles leçons, le Monarque prend la parole. « Peres, dit-il, écoutez-
» moi. Comme vous je ſuis pere ; je le
» ſuis encore avec vous : vos enfans ſont
» les miens. Et la royauté eſt-elle autre

(*) *Chinca-Camayu*, qui a charge de dix.

» chose qu'une paternité publique? C'est » là le titre le plus auguste que le Soleil, » pere de la nature, ait pu donner à ses » enfans. Je viens donc, comme le garant » de vos droits, vous les confirmer; mais » je viens, comme le modele de vos de- » voirs, vous en instruire : car vos devoirs » fondent vos droits, & vos bienfaits en » sont les titres. La vie est un présent du ciel, » qui seul la dispense à son gré. Gardez- » vous donc de vous prévaloir d'un pro- » dige opéré par vous, & sachez où vous » commencez à mériter le nom de peres : » c'est lorsqu'ayant reçu des mains de la » nature le nouveau né de votre sang, & » l'ayant remis dans les bras de celle qui » doit le nourrir, vous veillez sur les jours » & de l'enfant & de la mere, chargé du » soin d'assurer leur repos, & de pourvoir » à leurs besoins. Jusques-là même encore » vous ne faites pour eux, que ce que » font pour leurs petits le vautour, le » serpent, le tigre, les plus cruels des » animaux. Ce qui, dans l'homme,

» distingue & consacre la paternité, c'est
» l'éducation, c'est le soin de semer, de
» cultiver dans ses enfans ce qu'on a re-
» cueilli soi-même, l'expérience, le seul
» gain de la vie, & la sagesse qui en
» est le fruit, & qui seule nous dédom-
» mage de la peine d'avoir vécu. Former,
» dès l'âge le plus tendre, par votre
» exemple & vos leçons, une ame hon-
» nête, un cœur sensible, un citoyen
» docile aux loix, un époux, un ami
» fidele, un pere à son tour révéré,
» chéri de ses enfans, un homme enfin
» selon le vœu de la nature & de la so-
» ciéte : ce sont là vos devoirs, vos bien-
» faits & vos titres; c'est là ce qui fonde
» vos droits.

» Et vous, enfans, souvenez-vous que
» la nature n'a prolongé la foiblesse &
» l'imbécillité de l'homme, que pour le
» lier plus étroitement à ceux dont il a
» reçu la naissance, & lui faire, par le
» besoin, une longue & douce habitude
» d'en dépendre & de les aimer. Si elle

» eût voulu le diſpenſer de ce tribut » d'amour & de reconnoiſſance, elle » l'eût pourvu des moyens de vivre in- » dépendant preſque auſſi-tôt qu'il ſeroit » né, & de ſe ſuffire à lui-même. Sa » longue enfance eſt dénuée de force & » d'intelligence ; ſa foibleſſe n'a pour » reſſource ni l'agilité, ni la ruſe, ni la » fineſſe de l'inſtinct. Tel eſt l'ordre de » la nature, pour forcer l'enfant à chérir » & à révérer ſes parens. Il ſemble » qu'elle ait voulu l'abandonner à leurs » ſoins, pour leur en laiſſer le mérite, & » qu'elle ait conſenti à paſſer pour ma- » râtre, afin de donner lieu à toute leur » tendreſſe de s'exercer ſur leur enfant. » Ainſi, en lui refuſant tout, elle ſupplée » à tout par l'amour paternel. Rappellez- » vous donc votre enfance ; & tout ce » qui vous a manqué dans ce long état » de foibleſſe, pour vous dérober aux » beſoins, aux périls qui vous aſſiégeoient, » ſongez que c'eſt de vos parens que vous » l'avez reçu ; que la nature, en vous

» jetant parmi les écueils de la vie, s'eſt » repoſée ſur leur amour du ſoin de vous » en garantir. Mais ce que vous devez » ſur-tout à leur tendreſſe vigilante, c'eſt » de vous avoir éclairés ſur les moyens » de vivre heureux ; c'eſt de vous avoir » adoucis, apprivoiſés, ſoumis aux loix » de l'équité, de la raiſon, de la ſageſſe. » Sans les ſoins qu'ils ont pris de vous, » vous ſeriez ſauvages, ſtupides, féroces » comme vos aïeux. Aimez donc vos » parens ; pour vous avoir appris l'uſage » du don de la vie, dont l'innocence » fait le charme & dont la vertu fait le » prix ».

A ces mots, des larmes de joie & d'amour coulent de tous les yeux. Les enfans, aux genoux des peres, s'attendriſſent & rendent graces ; les peres, en les embraſſant, s'applaudiſſent de leurs bienfaits. L'Inca, témoin de ce ſpectacle, ſent plus vivement que jamais la perte de ſon fils. « Guerre impitoyable, dit-il, » ſans toi, ſans tes fureurs, je partage-

» rois l'allégresse & la gloire de ces bons » peres. Il seroit là ; il auroit reçu de ma » main la premiere palme. Qui la méri- » toit mieux que lui » ? Il n'en put dire davantage : les sanglots lui étouffoient la voix. Il fut quelques instans muet & baigné dans ses larmes. « Non, reprit-il » enfin, qu'on m'apporte mon fils ; je ne » veux pas qu'il soit frustré de ce der- » nier tribut d'amour & de louange. Du » haut du ciel, il entendra la voix gé- » missante d'un pere ; il me plaindra d'être » privé de lui ».

On lui obéit ; & au pied de son trône fut apporté le lit funebre où reposoit le corps de Zoraï. « Peuple, s'écria le Mo- » narque, en s'y précipitant, le voilà, » ce modele de l'amour filial ; le voilà, » le plus tendre, le plus respectueux, le » plus aimable des enfans. Oui, depuis » sa naissance, il l'a été pour moi, il l'a » été jusqu'à sa mort. Des jouissances dé- » licieuses, des espérances encore plus » douces, & tout ce que l'ame d'un pere

» peut éprouver de joie & de consolation,
» tel étoit le prix de mes soins, & le pré-
» sage du bonheur qui vous attendoit sous
» son regne. Il étoit impossible qu'un si
» bon fils ne fût pas un bon Roi. Le goût
» du bien, l'amour de l'ordre, le senti-
» ment de l'équité lui étoient naturels.
» Il n'estimoit dans la gloire que la com-
» pagne de la vertu; il détestoit le men-
» songe comme le complaisant du vice;
» il adoroit la vérité. Magnanime sans
» faste, & modeste avec dignité, il étoit
» simple, & il aimoit tout ce qui l'étoit
» comme lui. Il ne voyoit dans sa nais-
» sance que la destination & que le dé-
» vouement de sa vie au bonheur du
» monde; & le nom de fils du Soleil,
» loin de l'enorgueillir, l'humilioit sans
» cesse, en lui faisant sentir le poids des
» devoirs qu'il lui imposoit. Si quelqu'un
» des jeunes Incas se montre plus digne
» que moi de régir cet Empire auguste,
» c'est à lui, me disoit-il souvent, de
» vous remplacer sur le trône; c'est à

» moi de le lui céder. Jugez, s'il eût fait » des heureux ! Vous l'auriez été ſous » ſon regne ; & ſon pere, encore plus » heureux, ſeroit mort ſans inquiétude » dans les bras d'un tel ſucceſſeur. Un » Dieu juſte n'a pas voulu que cette » ame ſenſible ait vu les crimes & les » ravages d'une guerre, hélas ! trop » funeſte. Mon fils eût arroſé de larmes » ce trophée de ma victoire, cet éten- » dard qu'on a trempé dans un déluge » de ſang. Il n'eſt plus. Nous avons » perdu, moi, le plus vertueux fils, & » vous, le plus vertueux Prince. Sou- » mettons-nous, & allons lui rendre les » triſtes honneurs du tombeau ».

Alors le Monarque, à la tête de ſa famille & de ſon Peuple, accompagna le corps de ſon fils juſqu'au temple, où, ſur un trône d'or, il fut placé en face de l'image du Soleil, ayant à ſes pieds l'étendard qui lui avoit coûté la vie, & dans ſa main la palme de l'amour filial.

Cora ne parut point au temple. Alonzo l'y chercha des yeux ; & ne l'ayant point apperçue, il en fut pénétré d'effroi.

Le Monarque, au retour du temple, le fit appeller. « Mon ami, lui dit-il, » mes tristes devoirs sont remplis. Il est » temps que le pere cede la place au » Roi, & que je me mette en défense » contre cet ennemi terrible, dont tu » nous as menacés. C'est à toi que je » me confie. Ton zele, ton expé- » rience, ta valeur, voilà mon espoir. » – Je le remplirai, dit Alonzo ; & » plût au ciel que la défense & le salut » de cet Empire ne dût te coûter que » mon sang ! Je le verserois avec joie. » – O mon ami ! qu'ai-je donc fait, » lui dit l'Inca, en l'embrassant, pour » avoir mérité de toi un zele si noble » & si tendre » ? . . . . . A ces mots, on vient dire au Roi que le Grand-Prêtre du Soleil demande à lui parler. Alonzo se retire, & va, s'il est possible, chercher,

chercher, dans le ſommeil, un ſoulagement à ſes peines, & aux preſſentimens terribles dont il venoit d'être frappé.

CHAPITRE XXXIX.

POUR une ame abandonnée à l'orage des paſſions, l'incertitude eſt le plus grand des maux. Battu ſans ceſſe par les vagues de l'eſpérance & de la crainte, le courage n'a point de priſe; la réſolution même d'être malheureux n'a point de terme où ſe fixer.

Telle fut, pour l'ame d'Alonzo, cette longue & pénible nuit. Enfin le ſommeil, par pitié, laiſſoit tomber quelques pavots ſur ſa paupiere appeſantie. Un bruit le frappe; il ſe leve, &, à la foible lueur du crépuſcule du matin, il voit paroître un vieillard vénérable, le front couvert de cheveux blancs, pâle & triſte comme les ſpectres, mais conſervant dans ſa douleur un air noble & majeſtueux. « Je ſuis le pere de Cora, » lui dit-il. Ma fille m'envoie. C'eſt ſa der» niere volonté que j'accomplis. Va-t-en,

» malheureux jeune homme, & laisse-» nous les maux que tu nous fais. Tu as » porté l'opprobre & la mort dans une » famille innocente, qui, sans toi, le » seroit encore ». A ces mots, le vieillard sentit ses genoux qui ployoient sous lui; & il tomba de défaillance. Alonzo, pâle & frémissant, lui tend les bras, & le releve. « Parlez, lui dit-il; qu'ai-je » fait? de quel malheur suis-je la cause? » – Cruel! peux-tu le demander? peux-» tu vouloir l'entendre de la bouche d'un » pere? Tu nous annonçois des vertus: » la bonté, la candeur étoient peintes » sur ton visage; le crime & la trahison » se cachoient au fond de ton cœur. Sois » content. Ma fille, trop foible, trop » simple, hélas! pour avoir pu se sau-» ver de tes artifices, ma fille vient de » révéler le parjure & le sacrilege qu'elle » a commis en se livrant à toi. Elle n'a pu » cacher qu'elle alloit être mere; & de-» main notre honte éclate: demain, elle, » sa mere & moi, ses sœurs, ses freres,

» innocens, nous ſerons menés au ſup-
» plice. La ſolitude, l'infamie, une éter-
» nelle ſtérilité marqueront la place où
» ma fille eſt née. On diſperſera notre
» cendre. Nous n'aurons pas même un
» tombeau. Va-t-en: ma fille t'en conjure.
» La malheureuſe t'aime encore; &, en
» me confiant le ſecret de ſon ame, elle
» m'a fait promettre de ne le point tra-
» hir. Mais elle craint que ta douleur ne
» te décele & ne t'accuſe; & le ſeul prix
» qu'elle demande de ſa mort, dont tu
» es la cauſe, c'eſt que tu n'en ſois pas
» témoin ».

Tandis que l'Indien parloit, le remords & le déſeſpoir déchiroient le cœur d'Alonzo. Ses yeux attachés à la terre, ſes cheveux hériſſés d'horreur, ſon immobilité ſtupide, tout annonçoit un criminel, condamné par ſon juge; & ſon juge étoit dans ſon cœur. Il tombe aux pieds du vieillard, &, d'une voix étouffée, il prononce à peine ces mots: « O mon
» pere! tu ſais mon crime; ſais-tu quelle

» fatalité m'y a pouſſé malgré moi ? Sais-
» tu dans quel moment terrible la frayeur
» & l'égarement m'ont livré ta fille mou-
» rante, & l'ont fait tomber dans mes
» bras ? J'atteſte mon Dieu & le tien,
» que dans ce péril effroyable, mon
» unique réſolution étoit de la ſauver.
» Nous nous ſommes perdus, & nous
» t'avons perdu toi-même. Je ne prétends
» pas t'appaiſer. Voilà mon ſein, voilà
» mon épée. Frappe, venge-toi. – Me
» venger ! Hé ne ſais-tu pas, dit le vieil-
» lard, que la vengeance eſt inſenſée ;
» qu'au malheur elle joint le crime, &
» ne ſoulage que les méchans ? Va, ton
» ſang ne racheteroit ni la mere ni les
» enfans. Je n'en mourrois pas moins,
» & je mourrois coupable. Laiſſe-moi du
» moins l'innocence : tout le reſte eſt perdu
» pour moi. Tu fus égaré, je le crois :
» tu n'es ni méchant ni perfide ; mais,
» quand tu le ſerois, nous avons dans
» le ciel un Dieu pour juger & punir ».

« Ame céleſte ! s'écrie Alonzo, tu

» m'accables, tu me confonds..... Et
» l'opprobre, & la mort, & le dernier
» ſupplice ſeroient le prix de tes vertus!
» Et ta fille, auſſi vertueuſe, non moins
» innocente que toi!..... Non, vous
» ne mourrez point. Ne me mépriſe pas
» aſſez pour croire que je veuille me ca-
» cher, m'enfuir lâchement. Je paroîtrai,
» j'avouerai tout, j'embraſſerai votre dé-
» fenſe, je vous tirerai de l'abîme où je
» vous ai précipités, ou bien j'y périrai
» moi-même. Mais commence par t'éloi-
» ner avec ta femme & tes enfans ».

« Connois-tu, lui dit le vieillard,
» quelque aſyle contre les loix, & contre
» le remords qui ſuivroit le parjure? J'ai
» promis au Soleil de reſter ſoumis à ſes
» loix. Ma parole, ma foi ſont pour moi
» des liens plus forts que ne ſeroient des
» chaînes. Un Inca n'en connoît point
» d'autres; & je mourrai ſans les briſer.
» Toi, qui n'es point engagé ſous ces
» loix redoutables, éloigne-toi; donne
» à ma fille la conſolation de te ſavoir

» hors de danger. Épargne-lui l'horreur » de ton ſupplice. – Va, dit Alonzo, » pénétré de reſpect, de douleur & de » reconnoiſſance, va lui jurer que jamais » ſon amant ne l'abandonnera. Je ſuis » époux & pere. Il n'eſt point de danger » au-deſſus d'un courage à la fois animé » par l'amour & par la nature ». A ces mots il tendit les bras au vieillard encore frémiſſant. « Mon pere, lui dit-il, mon » pere ! embraſſe-moi, ou perce-moi le » cœur. Je ne puis ſoutenir ta haine ». Le vieillard tombe dans ſon ſein, l'embraſſe, le plaint, lui pardonne ; & des torrens de larmes ſe confondent dans leurs adieux.

Cependant le bruit ſe répand que l'aſyle des Vierges a été profané ; que l'une d'elles a violé ſes vœux ; qu'elle porte le fruit d'un amour ſacrilege ; & que le Soleil, irrité de ce parjure abominable, en demande l'expiation. Un crime inoui juſqu'alors, remplit d'horreur tous les eſprits. Les malheurs qui l'ont annoncé, & dont peut-être il eſt la cauſe, les feux de la guerre civile allumés entre les deux freres, tout le ſang qu'elle a fait couler, le fils d'Ataliba, l'héritier du trône, enlevé à ſes Peuples par une mort funeſte, ce long amas de crimes & de calamités ſe retrace à la fois comme des ſignes de colere, que le Soleil, en s'éclipſant, n'a déja que trop confirmés. On craint même qu'un Dieu jaloux ne ſoit pas encore appaiſé, & ne ſe venge ſur tout un Peuple de l'injure faite à ſa gloire. O ſuperſtition! Le Peuple le plus doux, le plus humain de l'univers, crioit vengeance au nom d'un Dieu dont il adoroit la clémence. Il ne ſe raſſura que lorſqu'il eut appris que le Pontife avoit dénoncé la criminelle au tribunal ſuprême; que déja l'on creuſoit la tombe, & que l'on dreſſoit le bûcher.

CHAPITRE XL.

CE jour-là le Soleil ſe couvrit de triſtes nuages ; & ce deuil ſombre de la nature ajoutoit encore à l'effroi dont tous les cœurs étoient frappés. Le Roi parut, ſelon l'uſage, ſous le portique du Palais. Une multitude tremblante environnoit le trône ; & à travers les flots de ce Peuple aſſemblé, le Pontife, les Prêtres, les Miniſtres des loix, ſe faiſant ouvrir un paſſage, amenerent devant l'Inca la jeune & timide Prêtreſſe. Son pere accablé de douleur, ſa mere pâle & défaillante, deux ſœurs plus jeunes, auſſi belles, trois freres, l'eſpérance d'une auguſte famille, victimes de la même loi, venoient tous s'offrir au ſupplice.

Cora qu'il falloit ſoutenir, tant elle étoit foible & tremblante, tomba ſans force & ſans couleur, en paroiſſant devant ſon juge. On la ranime ; il l'interroge.

Elle répond avec candeur. « Ce fut, » dit-elle, dans cette nuit horrible, où » le volcan menaçoit d'ensevelir ces » murs : ma frayeur me précipita dans » les bras d'un libérateur. Voilà mon » malheur & mon crime. Fils du Soleil, » s'il est possible d'en adoucir la peine, » écoute la nature, qui réclame contre » la loi. Ce n'est pas pour moi que j'im- » plore ta clémence : il faut que je meure, » je le sais. Mais regarde un pere, une » mere, des sœurs, des freres innocens; » c'est pour eux seuls qu'en mourant je » demande grace ».

Le pere alors prit la parole. « Inca, » dit-il, dans un moment d'égarement & » de terreur, ma fille a été faible, impru- » dente & fragile; c'est au Dieu qui voit » dans les cœurs à la juger; mais c'est à » moi d'accuser l'auteur de sa perte. Ce » premier coupable, c'est moi. Ma piété » aveugle a dévoué ma fille au culte » des autels, & l'y a offerte en victime. » Dans le moment du sacrifice j'ai entendu

» gémir ſon cœur ; & religieuſement » cruel, le mien s'eſt endurci. Pere déna- » turé, j'ai vu ſes larmes, je l'ai vue ſe » précipiter dans le ſein de ſa mere, y » chercher un aſyle contre la violence » du pouvoir paternel ; & moi, ſans » pitié, ſans remords, j'ai conſommé le » parricide. Son crime, hélas ! ſon pre- » mier crime fut de m'obéir ; ſon reſpect, » ſon amour pour moi l'a perdue. Je ſuis » le bourreau de ma fille. Je la traîne au » ſupplice » ! En prononçant ces mots le vieillard embraſſoit ſa fille ; ſes ſanglots étouffoient ſa voix ; ſon cœur ſe briſoit de douleur ; & les larmes de ſang qui couloient de ſes yeux inondoient le ſein de Cora. Tous les cœurs étoient déchirés.

Le Monarque attendri lui-même, mais contraint par la loi à uſer de rigueur, pourſuit & ordonne à Cora de déclarer ſon raviſſeur & ſon complice.

Cora frémit, & ſon ſilence fut d'abord ſa ſeule réponſe ; mais les inſtances de ſon Juge la forcerent enfin de prononcer ces mots : « Fils du Soleil, feras-tu plus » cruel & plus violent que la loi ? La loi » me condamne à la mort ; j'y traîne » avec moi ma famille. N'eſt-ce pas aſſez? » Te faut-il encore un nouveau parricide? » Veux-tu que, portant dans la tombe, » où je vais deſcendre vivante, le fruit de » mon funeſte amour, j'accuſe encore ce- » lui qui lui a donné la vie ? Veux-tu voir » mes entrailles ſe déchirer d'horreur, & » mon enfant épouvanté s'arracher des » flancs de ſa mere » ?

Ces paroles firent ſur l'ame d'Ataliba l'impreſſion la plus terrible ; &, ſans inſiſter davantage, il ordonnoit, en gémiſſant, au dépoſitaire des loix de prononcer l'arrêt fatal, lorſqu'on vit tout-à-coup Alonzo fendre la foule, & ſe précipiter au pied du trône de l'Inca. « C'eſt moi » qui ſuis le criminel, Inca, s'écria-t-il ; » Cora eſt innocente. Ne punis que ſon » raviſſeur ». A cette vue, à ces paroles que le déſeſpoir animoit, le Roi frémit ;

le Peuple reſte immobile d'étonnement ; & Cora tremblante & glacée : « Hélas ! » dit-elle en ſuccombant, je n'aurai donc » pu le ſauver ! – Non, reprit Alonzo, » elle n'eſt point coupable. Je l'enlevai » mourante ; & ſon ame éperdue ne put ni » conſentir ni réſiſter à ſon malheur ».

L'Inca voulut ſauver Alonzo. « Etran- » ger, lui dit-il, notre culte n'eſt pas le » vôtre ; vous ne connoiſſez pas nos loix ; » & ce qui, pour nous, eſt un crime, » n'eſt pour vous qu'une erreur, que je » n'ai pas droit de punir. Éloignez-vous. » Nos loix n'obligent que mes Sujets & » moi. Vous fûtes imprudent, mais vous » n'êtes point criminel, à moins que vous » n'ayez uſé de violence ; & Cora ſeule » a droit de vous en accuſer. – Non, non, » dit-elle ; un charme auſſi doux qu'in- » vincible m'a livrée à lui. Ceſſe, Alonzo, » ceſſe de t'imputer mon crime. Tu me » fais mourir mille fois. – Loin de vous » accuſer, vous voyez, dit le Roi, qu'elle » vous déclare innocent. – Puis-je l'être,

» s'écrie Alonzo, après avoir égaré sa » jeunesse ; après avoir creusé la tombe » sous ses pas, la tombe où vous allez la » faire descendre vivante ? O comble » d'horreur ! Elle s'ouvre cette tombe » effroyable, elle s'ouvre à mes yeux, » prête à la dévorer ; & je suis innocent ! » Je vois s'allumer le bûcher où son pere, » sa mere, tous les siens vont périr ; & » moi, l'auteur de tant de maux, juste » ciel ! je suis innocent ! Inca, ton ami- » tié pour moi t'a mis un bandeau sur les » yeux ; & tu ne veux pas voir mon crime. » Plus juste que toi, je le sens, & je m'en » accuse moi-même. Pardon, malheu- » reuses victimes d'un amour insensé, par- » don ! Je n'aurai pas du moins la honte » & la douleur de vous survivre ; & si » l'on vous mene à la mort, je vous de- » vancerai ; j'irai, sur ce bûcher, me » livrer le premier aux flammes. Là, ce » fer qui devoit défendre un Peuple ver- » tueux, un Roi, que je ne suis plus » digne d'appeller mon ami, ce fer me

» percera le cœur. Je ne demande, avant » ma mort, que la grace d'être entendu.

« Je ne ſuis ingrat ni perfide, reprit-il » avec fermeté. Reçu dans la Cour de » l'Inca, honoré de ſa confiance, comblé » de ſes bienfaits, je n'ai jamais eu le » deſſein de trahir l'hoſpitalité. Je ſuis » jeune, ardent, trop ſenſible. J'ai vu » Cora : mon cœur s'eſt enflammé pour » elle ; mais j'ai reſpecté ſon aſyle. Ce » n'eſt qu'au moment effroyable où la » montagne mugiſſante lançoit un déluge » de feu, où le ciel embraſé, où la terre » tremblante n'offroient par-tout que les » horreurs de mille morts inévitables ; ce » n'eſt qu'en ce moment, qu'à travers les » débris des murs de l'enceinte ſacrée, » j'ai cherché, j'ai ſaiſi, j'ai enlevé Cora.

» Elle vous dit qu'elle a cédé! & qui » n'eût pas cédé comme elle? Eſt-ce aſſez » d'une loi pour étouffer en nous les ſen- » timens de la nature ; pour en vaincre » les mouvemens? Vous exigez de la jeu- » neſſe la froideur d'un âge avancé! Vous

» exigez de la foibleſſe le triomphe le plus
» pénible de la force & de la vertu ! Ah !
» c'eſt la ſuperſtition qui vous commande,
» au nom d'un Dieu, d'être cruels. L'en
» croyez-vous ? Oubliez-vous que le Dieu
» que vous adorez eſt à vos yeux la bonté
» même ? Quoi ! le Soleil, la ſource de
» la fécondité, lui, par qui tout ſe régé-
» nere, feroit un crime de l'amour ! Et
» l'amour n'eſt lui-même que l'émanation
» de cet aſtre qui vous anime. C'eſt ce
» même feu répandu au ſein des métaux &
» des plantes, dans les veines des animaux,
» & ſur-tout dans le cœur de l'homme,
» c'eſt ce feu que vous adorez dans ſon
» intariſſable ſource. Vous condamnez
» ſon influence ; & parce qu'une Vierge,
» innocente, foible & craintive, aura cédé
» aux mouvemens les plus naturels, les
» plus doux d'un cœur que le ciel lui a
» donné, ſon pere, ſa mere, ſes ſœurs,
» ſes freres ſeront condamnés à mourir
» avec elle au milieu des ſupplices ! Non,
» Peuple, j'en atteſte votre Dieu & le
» mien

» mien, car le Soleil en eſt l'image : ces » horreurs ne peuvent lui plaire ; & la » loi qui vous les commande ne ſauroit » émaner de lui. Elle eſt des hommes ; » elle vous vient de quelque Roi jaloux, » ſuperbe & tyrannique, qui attribuoit à » ſon Dieu un cœur comme le ſien.

» On vous a dit que le Soleil faiſoit » à ſa Prêtreſſe un crime d'être mere, » & qu'il falloit, pour expier ce crime, » les ſupplices les plus affreux ; on vous » l'a dit, & vous avez eu la ſimplicité » de le croire ! Ah ! Peuple, on avoit » dit de même à vos aïeux, que leurs » Dieux, le ſerpent, le vautour & le » tigre, demandoient qu'une mere versât » ſur leurs autels le ſang de l'innocent » qu'elle allaitoit ; &, comme vous, » pieuſement crédule, la mere immoloit » ſon enfant. Vous l'avez aboli, ce culte ; » & le vôtre, non moins barbare, eſt » encore plus inſenſé ».

Alors, du ton d'un homme inſpiré par un Dieu, & comme ſi ce Dieu avoit parlé par ſa bouche : « Roi, Peuple, dit-il, » apprenez à diſcerner, par d'infaillibles » marques, la vérité qui vient du ciel, » d'avec l'erreur qui vient des hommes. » Jetez les yeux ſur la nature : voyez ſon » ordre & ſon deſſein. Quel que ſoit le » Dieu qui préſide à cet ordre immuable » établi par lui-même, il y a conformé ſes » loix. Et qu'importe à l'ordre éternel le » vœu qu'a fait imprudemment une jeune » & foible mortelle, de ſécher, comme une » plante oiſive, dans la langueur de la » ſtérilité ? Eſt-ce-là ce qu'en la formant, » lui a recommandé la nature ? Voyez, » dit-il, en ſaiſiſſant les voiles de Cora, » & en les déchirant avec une audace » impoſante, voyez ce ſein : voilà le ſigne » des deſſeins de ſon Dieu ſur elle. A ces » deux ſources de la vie, reconnoiſſez le » droit, le devoir ſacré d'être mere. C'eſt » ainſi que parle & s'explique ce Dieu » qui n'a rien fait en vain ».

Pendant ce diſcours d'Alonzo, un murmure confus élevé dans la multitude, annonça la révolution qui ſe faiſoit dans les eſprits ; & le Monarque ſaiſit l'inſtant de la décider ſans retour. « Il a raiſon, dit-il ; » & la raiſon eſt au-deſſus de la loi. Non, » Peuple, il faut que je l'avoue, cette » loi cruelle ne vient point du ſage Manco : » ſes ſucceſſeurs l'ont faite ; ils ont cru » plaire au Dieu dont elle vengeroit l'in- » jure ; ils ſe ſont trompés. L'erreur ceſſe ; » la vérité reprend ſes droits. Rendons » graces à l'Etranger qui nous détrompe, » nous éclaire, & nous fait révoquer une » loi inhumaine. C'eſt un bienfait trop » ſignalé, pour ne pas effacer une malheu- » reuſe imprudence. Que les Prêtreſſes du » Soleil n'aient plus d'autre lien qu'un zele » pur & libre ; & que celle qui déſavoue » la témérité de ſes vœux, en ſoit dès » l'inſtant dégagée. Un Dieu juſte ne » peut vouloir qu'on le ſerve à regret ; » & ſes autels ne ſont pas faits pour être » environnés d'eſclaves ».

Ainſi parloit ce Prince, avec la double joie de détruire un abus funeſte, & de conſerver un ami. Le vieillard, pere de Cora, ſe proſterne, avec ſes enfans, aux genoux du Monarque ; tout le Peuple, les mains au ciel, pouſſe des cris de joie ; Alonzo triomphant ſe jette aux pieds de ſon amante. Hélas ! encore évanouie dans les bras de ſa mere, ſes yeux, obſcurcis d'un nuage, n'apperçoivent point Alonzo. En le voyant ſe dévouer pour elle, le trouble, l'attendriſſement, la frayeur l'avoient accablée. Froide, tremblante, inanimée, laiſſant ployer ſous elle ſes genoux défaillans, elle s'étoit penchée dans le ſein de ſa mere, qui, croyant l'embraſſer pour la derniere fois, n'avoit pas eu la cruauté de la rappeller à la vie. Ce fut le cri de la nature, qui, du ſein des peres, des meres, & de tout un Peuple attendri, s'éleva juſqu'au ciel, ce fut ce cri qui ranima ſes ſens. Elle revient du ſommeil de la mort ; elle reſpire, ouvre les yeux, & ſe voit dans les bras d'Alonzo, qui, tranſporté, lui dit, en l'embraſſant : « Vis, chere amante ; tu

» es à moi ; la loi fatale est abolie. – Que » dis-tu ? que fais-tu ? Malheureux ! lui » dit-elle, va-t-en, & me laisse mourir. » – Non, tu vivras, reprit Alonzo. La » nature & l'amour l'emportent ; les saints » noms de pere & de mere ne sont plus » un crime pour nous ». A ces mots, Cora, dans l'excès de la surprise & de la joie, soupire, serre dans ses bras son amant, son libérateur ; &, trop foible pour soutenir une révolution si violente & si soudaine, succombe une seconde fois.

Tandis qu'Alonzo la ranime, le Peuple s'empresse à les voir, à se réjouir avec eux. Un pere, une mere éperdus, leurs enfans qui tremblent encore, Cora qui, dans les bras d'Alonzo, reprend avec peine l'usage de la vie & du sentiment, le trouble, l'effroi, la tendresse de cet amant, qui craint de la voir expirer, la joie & le ravissement du Peuple qui les environne, forment un spectacle si doux, que le Roi, les Incas, les Héros Mexicains ne peuvent retenir leurs larmes. Amazili sur-tout &

ſon fidele Télaſco en jouiſſent avec tranſport. « Ah ! Télaſco, diſoit cette fille » charmante, que ces amans vont être » heureux ! Ils paſſent, comme nous, de » l'excès du malheur à la félicité ſuprême. » Qu'ils vont bien s'aimer ! – Comme » nous, lui dit Télaſco. Le ciel a fait pour » eux deux cœurs tout ſemblables aux » nôtres ».

La foule s'étant écoulée, & le Monarque, avec les Incas, étant rentré dans le palais, Cora & ſon amant ſont appellés ; & le Prêtre leur parle ainſi : « Cora » eſt libre. Un Dieu qui ne veut que l'a» mour, ne peut exiger la contrainte ; & » j'ai la joie, avant de deſcendre au tom» beau, de voir du nombre de ſes loix » retrancher une loi cruelle, qui n'étoit pas » digne de lui. Mais devant lui la ſainteté » de l'hymen eſt inviolable. Il veut qu'en » ſa préſence le don d'une foi mutuelle en » conſacre les nœuds. – Ah ! le ciel & la » terre me ſont témoins, s'écrie Alonzo, » que je ſuis l'époux de Cora ; qu'elle eſt

» la moitié de moi-même ; qu'elle a reçu » ma foi ; que mes jours ſont à elle ; & » que mon devoir le plus ſaint eſt de mé- » riter ſon amour. Seulement je demande, » ſages & vertueux Incas, que nous » voyons, de votre culte ou de celui de » ma patrie, quel eſt le plus digne du » Dieu que l'univers doit adorer. J'eſpere » que bientôt nous n'aurons plus qu'un » même autel ; & ce ſera au pied de cet » autel, ſous les yeux de l'Être ſuprême, » que la religion ſanctifiera les vœux de » la nature & de l'amour ».

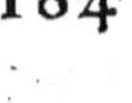

CHAPITRE XLI.

LA ſuperſtition (*a*), qui par toute la terre va traînant ſes chaînes ſacrées, dont elle charge les nations, frémit de rage, en voyant abolir la ſeule loi qu'elle eût dictée aux adorateurs du Soleil. Mais pour s'en conſoler, elle jetta les yeux ſur l'Europe, où elle dominoit, ſur l'Eſpagne, où elle avoit placé le ſiége affreux de ſon empire. Son triomphe s'y préparoit; on y alloit célébrer ſa fête abominable; lorſque le vaiſſeau de Pizarre, ayant franchi les vaſtes mers, entra dans ce golfe (*) célebre, par où l'Océan s'eſt ouvert un paſſage juſqu'aux bords de l'Egypte & de la Scithie.

Ce grand homme, tout occupé de l'importance de ſes deſſeins, en méditoit

(*) Le golfe de Cadis.

profondément les difficultés effrayantes. L'une de ces difficultés étoit l'état de sa fortune. Le peu d'or qu'il avoit recueilli de sa premiere course, s'étoit perdu & dissipé dans les mains de ses compagnons. Son entreprise, qui d'abord avoit passé pour insensée, n'avoit plus aucun partisan. La confiance étoit perdue ; & les secours en dépendoient. Il falloit pour la ranimer, l'éclat de la faveur du Prince. Mais quelle horreur la Cour d'Espagne ne devoit-elle pas avoir des ravages, des cruautés qui s'exerçoient en Amérique ? Ces brigands, ces fléaux de l'Inde n'étoient-ils pas en exécration à leur patrie épouvantée des excès qu'ils avoient commis ? Un jeune Roi, surtout, que la cupidité n'avoit pas corrompu encore, devoit les détester ; & dans l'opinion qu'il avoit de ces cœurs féroces, il alloit confondre celui qui solliciteroit le droit d'imiter leur exemple, & de rendre odieux son regne aux Peuples d'un autre hémisphere. Le cri plaintif de la nature, le cri de la religion, ses Ministres tonnans, & lançans l'anathême sur les profanateurs qui la rendoient complice de leurs sacrileges fureurs, c'est là ce que Pizarre rouloit dans sa pensée, lorsqu'un vent favorable l'amenant vers les bords de la fertile Andalousie, le fit entrer dans le port de Palos, dans ce port d'où étoit parti l'intrépide Colomb, quand, sur la foi d'un Nautonnier que les tempêtes avoient instruit (*b*), il étoit allé découvrir ce malheureux Nouveau Monde.

Pizarre, en abordant, prit soin de mander à Truxillo (c'étoit le lieu de sa naissance) la nouvelle de son retour; & il se rendit à Séville. Le jeune Roi y tenoit sa Cour; & Pizarre, pour observer les mœurs & le génie de cette Cour nouvelle, arrivoit inconnu. Tout lui parut changé dans sa déplorable patrie. En la revoyant, il gémit.

Le premier objet de son étonnement fut la solitude des villes, & l'abandon des campagnes, où la contagion sembloit avoir paſſé. « Hé quoi, ſe diſoit-il à lui-» même, eſt-ce pour ſe jeter dans les dé-» ſerts du Nouveau Monde, qu'on a quitté » des champs ſi fertiles, ſi fortunés » ! Il ne fut pas moins interdit de la réſerve auſtere, & de la gravité myſtérieuſe & taciturne de ce Peuple, autrefois brillant, ingénieux, plein de candeur & de franchiſe, noble juſques dans ſes plaiſirs, & magnifique dans ſes fêtes. La triſteſſe, l'abattement étoient peints ſur tous les viſages ; la défiance étoit dans tous les yeux ; la crainte avoit reſſerré tous les cœurs.

A peine arrivé dans Séville, il veut la parcourir, & il la voit plongée dans le ſilence & dans le deuil. Il ſe trouve au milieu d'une place publique, lieu vaſte, & décoré avec magnificence par les temples & les palais dont il étoit environné. Au centre un grand bûcher s'éleve, &, non loin du bûcher, un trône reſplendiſſant de pourpre & d'or. A cet appareil impoſant, il s'arrête. Il voit arriver un Peuple nombreux ſans tumulte, & gardant un ſilence morne, tel que l'impoſe la terreur. Il interroge autour de lui; il demande quel ſacrilege, quel parricide on va punir avec tant de ſolemnité, & ſi le Roi vient préſider au ſupplice des criminels, comme la pompe de ce trône l'annonce. Mais perſonne ne lui répond. « Qui que tu ſois, lui dit enfin un vieil-» lard qu'il interrogeoit, ou ceſſe de nous » tendre un piege, ou, ſi tu es de bonne » foi, regarde, écoute, & tremble comme » nous ».

Bientôt Pizarre voit paroître le cortege effrayant des juges & des vengeurs de la Foi. Il les voit monter & s'aſſeoir ſur ce trône terrible. Le calme eſt peint ſur leur viſage; la joie éclate dans leurs yeux.

Les victimes s'avancent; le bûcher s'allume. Une foule de malheureux, pâles, tremblans, courbés ſous le poids de leurs chaînes, viennent recevoir leur ſentence. Et ce décret qui les condamne à être brûlés vivans, ce décret leur eſt prononcé du ton affectueux & tendre de la charité ſecourable & de l'indulgente bonté.

Le jeune Roi avoit demandé qu'au moins, dans ce moment terrible, en préſence du Peuple, à la face du ciel, lorſqu'ils entendroient leur ſentence, il leur fût permis de parler, de ſe défendre, & de ſe plaindre : foible adouciſſement qu'il auroit voulu mettre aux rigueurs de ce tribunal, mais qui, ayant révolté les juges, fut traité de ſcandale, & n'eut lieu qu'une fois.

Dans le nombre étoit un vieillard, qu'on avoit ſurpris obſervant les pratiques du Judaïſme. Les ſéductions, les menaces le lui avoient fait abjurer au temps de ſa foible jeuneſſe. Imbu de la Foi de ſes peres, le regret de l'avoir quittée vint le troubler ; il la reprit ; & dans le ſilence & la crainte, il adreſſoit au ciel les vœux de l'antique Sion. Son crime étoit connu ; ſur le bord de ſa tombe, il n'avoit pas même daigné le désavouer ; il marchoit au supplice, comme une victime à l'autel. Mais lorsqu'il entendit que tous ses biens, livrés à l'avidité de ses Juges, étoient ravis à ses enfans, sa constance l'abandonna. « Cruels ! dit-il, » c'est donc ainsi que vous dévorez votre » proie ! J'ai mérité la mort, quand j'ai » trahi mon ame, quand j'ai désavoué » de bouche ce que j'adorois dans le » cœur ; mais qu'ont fait mes enfans, » pour être dépouillés du peu de bien » que je leur laisse ? Ils ont subi, dès le » berceau, le joug de votre loi nouvelle ; » je vous les ai livrés. Ah ! laissez à leur » mere, pour nourrir ces infortunés, un » pain arrosé de mon sang, & qu'ils » tremperont dans leurs larmes ».

« Hé quoi ! lui répond d'un air serein le » Chef du tribunal terrible, ne sais-tu pas » que Dieu poursuit dans les enfans l'ini- » quité des peres ; que la dépouille des » criminels de leze-Majesté Divine ap- » partient aux Ministres des vengeances

» divines, comme les entrailles de la » victime appartenoient au ſacrificateur; » que l'eſclave n'a rien qui ne ſoit à ſon » maître; & qu'enfin tes pareils ſon nés » eſclaves parmi les Chrétiens? Si l'on ſe » réſerve des biens qui n'étoient pas à toi, » c'eſt pour en faire un digne uſage; & » quel plus digne uſage du bien des Infi- » deles, que de ſervir de récompenſe aux » défenſeurs de la Foi? Si chacun vit de » ſon travail, celui de pourſuivre l'erreur » ſera-t-il privé de ſalaire? & n'eſt-il » pas bien juſte qu'une race funeſte paie, » en mourant, le ſoin pénible & ſalutaire » que l'on prend de l'exterminer »?

« Hommes ſans pudeur & ſans foi, » s'écria le vieillard, la force vous ſe- » conde, & votre hypocriſie abuſe inſo- » lemment du pouvoir de nous opprimer. » Mais tremblez que le ciel enfin ne ſe » laſſe ».... On ne permit pas au vieillard d'achever; & il fut jeté dans les flammes.

Après lui, ſe préſente devant le tribunal

un jeune homme ſimple & timide, né parmi les Chrétiens, élevé dans leur croyance, & n'ayant pas même l'idée des erreurs qu'on lui attribuoit. Il aimoit une fille auſſi ſimple que lui, auſſi pieuſe, auſſi docile; il en étoit aimé; un rival furieux l'avoit accuſé d'héréſie; & ce fourbe avoit pour complice un confident digne de lui. Dans les cachots, dans les tortures, l'infortuné jeune homme avoit pris mille fois la terre & le ciel à témoins de ſa foi, de ſon innocence; on ne l'avoit point écouté. En paroiſſant devant ſes juges, & à la vue du bûcher, ſes plaintes, ſes cris redoublerent. « Miniſtre du Dieu » que j'adore, & vous, Peuple, dit-il, » je proteſte en mourant que j'ai vécu » fidele à la religion de mes peres. Je » crois tout ce que nos Paſteurs, dès » l'enfance, m'ont enſeigné. Qu'on me » diſe dans quelle erreur j'ai pu tomber, » ſans le vouloir; je l'abjure, & je la dé» teſte. Que voulez-vous de plus? — Nous » voulons

» voulons que vous-même vous fassiez » le sincere aveu de votre impiété. – Je » ne la connois pas. Opposez-moi du » moins mes accusateurs. Qu'ils paroissent; » qu'ils me confondent à vos yeux. – Non, » lui dit-on encore : l'intérêt de la Foi » ne permet pas que l'on décele ceux » qui veillent à sa défense, & qui nous » dénoncent l'erreur. N'avez-vous pas » déclaré vous-même que vous n'aviez » point d'ennemis ? – Hélas ! non : je ne » hais personne ; j'ignore qui peut me » haïr. – Hé bien, ce n'est donc pas la » haine, mais le zele qui vous accuse ; » & le zele est digne de foi. – O mon » Pere ! dit le jeune homme à un Reli- » gieux qui l'exhortoit à la mort, je suis » attaché à la vie ; ce supplice me fait » frémir. Dites-moi quel aveu l'on attend » que je fasse ; &, tout innocent que je » suis, je veux bien me calomnier. – Moi ! » vous enseigner le mensonge ! lui dit cet » homme pieusement cruel. A Dieu ne » plaise. Non, mon fils, mourez martyr,

» plutôt que d'en imposer à vos juges.
» Après tout, ne vous flattez pas que cet
» aveu tardif pût vous sauver. Il n'est plus
» temps. C'est dans les fers que l'on doit
» s'avouer coupable. Mais, à l'approche
» du supplice, ce n'est plus un vrai re-
» pentir, c'est la frayeur qui parle ; on
» ne l'écoute plus ». Ce fut alors que le jeune homme, s'abandonnant à sa douleur, & versant des torrens de larmes, en fit couler de tous les yeux. « O Dieu !
» dit-il, on m'annonçoit ta religion pure
» & sainte comme l'appui de l'innocence ;
» & tes Ministres ! »....On l'interrompit, pour le traîner sur le bûcher.

Tandis qu'un tourbillon de feu l'enveloppoit vivant, & que ses cris déchiroient tous les cœurs, un Maure, à-peu-près du même âge, mais plus ferme & plus courageux, fut condamné comme blasphémateur, pour avoir murmuré contre le fanatisme & son tribunal odieux. On lui prononça sa sentence, en l'exhortant à déclarer, devant Dieu & devant les hommes, qui pouvoit l'avoir ſoulevé contre les vengeurs de la Foi. « Peuple, » s'écria-t-il avec indignation, ſavez-vous » qui l'on veut que j'accuſe? Mon pere. » On me l'a nommé dans les fers, ce » complice dont on s'efforce de me rendre » le délateur. C'eſt lui qu'on veut que je » traîne au ſupplice. On m'a promis d'uſer » envers moi d'indulgence, ſi j'étois aſſez » lâche, aſſez dénaturé pour noircir & » calomnier celui qui m'a donné le jour. » Ah! loin de l'accuſer, j'atteſte toutes » les puiſſances du ciel, que ce vieillard » eſt innocent. Il gémit comme vous, » mais dans le fond de ſon ame; &, à » moins que des larmes n'offenſent nos » tyrans, il ne les offenſa jamais. Plus » impatient, j'ai parlé, je l'ai déteſtée » hautement, cette tyrannie odieuſe. J'ai « demandé, au nom du ciel, par quelle » haine de la vérité, par quelle horreur de » l'innocence, on refuſoit à l'accuſé le droit » naturel & ſacré d'une défenſe légitime? » Pourquoi le délateur, diſpenſé de

» paroître, portant ſes coups dans l'ombre, » comme un lâche aſſaſſin, & ſe tenant » enveloppé dans le manteau du juge, » étoit compté au nombre des témoins? » Cette procédure infernale, cet appareil » d'iniquité, des fers, des cachots, des » ténebres, un ſilence affreux, tous les » pieges de l'artifice & du menſonge, » pour ſurprendre, ou pour effrayer un » malheureux abandonné à la calomnie, » à la fraude la plus ſubtile & la plus » noire; voilà ce qui m'a révolté. Je l'ai » dit; ma franchiſe les a bleſſés. Ils m'en » puniſſent; mais un jour ces fourbes ſe» ront démaſqués; & leurs crimes retom» beront ſur eux, comme un déluge, » avec les vengeances du ciel ».

A ces mots s'arrachant des bras de celui qui l'accompagnoit : « Laiſſe-moi, lui » dit-il, je ne reconnois point le Dieu » que mes bourreaux adorent. Dieu juſte, » Dieu clément, pere de tous les hommes, » s'écria-t-il, reçois mon ame ». Et lui-même, en traînant ſes chaînes, il s'élança ſur le bûcher.

Après lui, venoit une foule d'adolescens de l'un & de l'autre sexe, élevés en silence sous la Loi Musulmane, & livrés pour ce crime aux Inquisiteurs de la Foi. On leur avoit promis, s'ils se faisoient Chrétiens, qu'on les sauveroit du supplice. Foibles, timides & crédules, ils s'étoient faits Chrétiens; & on les menoit au supplice. Ils réclamerent la promesse sur la foi de laquelle ils avoient abjuré. « Cette promesse, leur dit-on, va s'accomplir dans l'autre vie. Vous serez » sauvés du supplice, mais d'un supplice » au prix duquel celui-ci n'est rien. Mes » enfans, ne pensez qu'à mourir fideles; » & trop heureux de n'avoir à subir qu'une » expiation passagere, résignez-vous sans » murmurer ». Leurs larmes furent inutiles; & du milieu des flammes, où ils furent jetés, leurs bras s'étendirent en vain : leurs bras supplians retomberent; & bientôt tout fut consumé.

Pizarre, qui, placé trop loin du tribunal, n'avoit entendu que des cris, en voyant toutes ces victimes entassées sur le bûcher & dévorées par les flammes, tandis que l'air retentissoit de saints cantiques d'allégresse, & que de pieux fanatiques, levant les mains au ciel, lui offroient pour encens la fumée du sacrifice; Pizarre, saisi de terreur & de compassion, se disoit à lui-même : « L'Espagne a-t-elle » changé de culte? & lui a-t-on rapporté » de l'Inde les Dieux qu'adorent les Sau» vages, & qu'ils abreuvent de leur sang »? Il vit la foule s'écouler, pensive & consternée; il imita le Peuple; & de retour chez lui, il y trouva l'un de ses freres, Gonzale, qui venoit d'arriver à Séville, impatient de le revoir.

NOTES.

(*a*) *LA ſuperſtition*]. Le fanatiſme eſt la frénéſie du zele. La ſuperſtition eſt le délire de la piété. L'un eſt la maladie des eſprits violens ; l'autre celle des ames foibles. Tous les deux outragent la religion ; l'un par ſes fureurs, & l'autre par ſes craintes.

(*b*) *Que les tempêtes avoient inſtruit*]. En quatorze cent quatre-vingt-quatre, Alonzo Sanchès de Huelua, en allant des Canaries à Madere, avoit été, dit-on, pouſſé ſur la côte de Saint Domingue. Il revint à Tercère, n'ayant plus avec lui que quatre de ſes compagnons. Dans cette île un fameux Pilote, Génois de naiſſance, appellé Chriſtophe Colomb, leur donna l'aſyle. Ils moururent tous dans ſa maiſon ; & ce fut, dit-on, ſur leurs mémoires qu'il entreprit la découverte de l'Amérique.

N 4

CHAPITRE XLII.

APRÈS les premiers mouvemens de la tendresse & de la joie, Pizarre, ayant bien observé qu'aucun témoin ne pût entendre leur entretien, ni le troubler, commença par faire à Gonzale le récit de ses aventures. Il lui expose ensuite l'objet de son voyage ; & finit par lui demander quelle étrange révolution s'est faite, depuis son absence, dans le génie, dans les mœurs, dans le culte de sa patrie ; & quelle est cette horrible fête dont il vient d'être le témoin ?

« Trop jeune & trop obscur, quand » tu as quitté ces bords, lui dit Gonzale, tu n'as pu voir préparer ces événemens ; mais aujourd'hui que ta fortune en dépend, je dois t'en instruire. » Écoute, mon frere, & gémis.

» Les Maures, nos vainqueurs, s'étoient » répandus dans l'Espagne ; ils y avoient

» apporté les arts, l'agriculture & le » commerce; & en éclairant les esprits, » ils avoient adouci les mœurs. La prospérité, la grandeur, l'opulence de ce » Royaume, cultivé, enrichi, décoré par » leurs mains, méritoit de faire oublier » leur invasion & leurs ravages. Vaincus » & soumis à leur tour, ils ne demandoient qu'à jouir d'une liberté légitime, » qu'à vivre Sujets de nos Rois, en conservant le culte de leurs peres; & si » la superstition ne se fût emparée de » l'esprit d'Isabelle, jamais regne n'eût » été plus heureux, ni plus florissant que » le sien. Mais cette Reine, que son » génie & son courage auroient placée » au rang des plus grands hommes, eut » le malheur d'être trompée par un confident fanatique (*), qui, dès la plus » tendre jeunesse, l'enivroit d'un faux » zele, & l'avoit fait jurer, si elle montoit sur le trône, d'employer le fer

(*) Thomas Torquémada, Dominicain.

» & le feu pour exterminer l'héréſie, & » faire triompher la foi. Ce fut pour ac- » complir cette téméraire promeſſe, qu'elle » érigea ce Tribunal de ſang.

» Armé d'une puiſſance énorme, affran- » chi de toutes les loix protectrices de » l'innocence, & conſacré par un Pon- » tife (*) qui lui confioit tous ſes droits, » ce tyran des eſprits les remplit d'une » ſainte horreur (*a*). C'eſt ici, dans » Séville même, que fut célébré le pre- » mier de ces ſacrifices barbares, que l'on » appelle *Actes de foi* (**). Ce jour exé- » crable coûta vingt mille Sujets à l'Eſ- » pagne : ils s'enfuirent épouvantés ; & » l'Afrique fut leur refuge. Dans la Caſ- » tille & dans Léon de nouveaux bûchers » s'allumerent ; & on y jeta dans les » flammes des milliers de malheureux. » Le même fléau s'étendit dans l'Aragon,

(*) Sixte IV.

(**) *Auto-dá-fe.* Le premier à Séville en 1480.

» & y fit les mêmes ravages. L'Eſpagne » entiere en fut frappée, & d'un Royaume » à l'autre la ſuperſtition voyoit, comme » autant de ſignaux, les feux qui dévo- » roient ſes innombrables victimes. Des » multitudes de proſcrits, échappés à la » rage de leurs perſécuteurs, s'abandon- » noient à la merci des flots; & l'Afrique » en fut repeuplée. Enfin la Grenade con- » quiſe ſur les Maures, devint à ſon tour » le Théâtre de ces déplorables fureurs (*b*). » Ah Pizarre! Quelle province le fana- » tiſme a déſolée! Un Peuple induſtrieux, » vaillant, éclairé, mêlant aux travaux » le charme conſolant des fêtes; plus de » trente villes ſuperbes, où fleuriſſoient » les arts, cent autres villes moins opu- » lentes, mais toutes riches & peuplées; » deux mille villages remplis de cultiva- » teurs fortunés; les plus belles campagnes, » les plus riches de l'univers, tout eſt » perdu, tout eſt détruit; la mort, l'effroi, » la ſolitude y regne; la tyrannie des » eſprits, la plus odieuſe de toutes,

» comme la plus injuste & la plus vio-
» lente, en a fait de vastes tombeaux,
» où elle domine en silence sur des cendres
» & des débris ».

» Ainsi, lui demanda Pizarre, les ra-
» pines, les cruautés que l'on exerce en
» Amérique, étonnent peu l'Espagne ?
» — Elle y est endurcie par ses propres
» malheurs, reprit Gonzale. Et de quoi
» veux-tu qu'elle s'étonne & s'épouvante ?
» Parmi nous, dans son sein, elle voit
» consacrer les crimes les plus odieux.
» L'humanité n'a plus de droits; le sang
» n'a plus de privileges. Que le fils accuse
» son pere, le pere ses enfans, la femme
» son époux; c'est le triomphe du faux
» zele. Ils sont accueillis, écoutés; &
» l'accusé périt sur leur délation. Un
» simple soupçon fait saisir, traîner dans
» les cachots la foible & timide inno-
» cence; & l'imposture qui l'accuse, pro-
» tégée à l'abri d'un silence éternel, est
» sûre de l'impunité. La seule ressource
» du foible, la fuite, est réputée une

» preuve du crime ; & l'anathême qui » poursuit le transfuge, rompt pour lui » les nœuds les plus saints. En lui, ses » amis méconnoissent leur ami, ses enfans » leur pere, ses Sujets leur Roi : plus » d'asyle, plus de refuge assuré pour lui, » pas même au sein de la nature. La » main qui lui perce le cœur est inno- » cente ; elle a vengé le Ciel. Tout Chré- » tien est, de droit divin, le juge & le » bourreau d'un infidele fugitif. Telle est » la loi du fanatisme ; & je t'épargne le » détail de mille atrocités pareilles, qui » forment son code infernal (*c*). Ne crains » donc plus de voir les esprits soulevés » de ce qui se passe dans l'Inde ».

» Et la Cour, demanda Pizarre, est- » elle attaquée de ce délire ? – La Cour » ne pense, lui répondit Gonzale, qu'à » tirer avantage de nos calamités. Que » le Peuple tremble & fléchisse, c'est » tout ce qu'elle veut ; & les malheurs de » l'Inde ne la touchent que foiblement. » Les Grands, avec pleine licence,

» opprimoient autrefois le Peuple. Les » juges leur étoient vendus ; les loix se » taisoient devant eux ; & sans frein, » comme sans pudeur, ils exerçoient im-» punément les vexations les plus criantes. » Le Peuple est rentré dans ses droits ; la » régence de Ximenès l'a tiré de l'op-» pression : il est armé, discipliné, ligué » pour sa propre défense ; la force est du » côté des loix ; & le Peuple, qu'elles » protegent, les protege à son tour contre » les attentats des Grands, leurs ennemis » communs. Ainsi le faste de la Cour, » n'ayant plus au-dedans les ressources » du brigandage, a rendu les Grands plus » avides des richesses du dehors ; & l'es-» pérance de partager les dépouilles du » Nouveau Monde, en fait de zélés par-» tisans au premier qui promet d'en payer » le tribut à leur orgueilleuse avarice. » Tout est vénal sous ce nouveau regne ; » & quand l'or est le prix de tout, on » obtient tout avec de l'or : c'est ce que » j'ai voulu t'apprendre. Flatte l'ambition

» & la cupidité ; ce ſont elles qui nous » dominent. Elles préſident dans les Con- » ſeils ; elles ont l'oreille du Prince ; elles » ſont l'ame de la Cour. La religion même » eſt ici leur eſclave ; & tu verras qu'on » la fait taire, quand elle prétend les » gêner. Rome, le ſiege de l'Egliſe, vient » d'être priſe & ſaccagée ; le Souverain » Pontife a été mis aux fers..... – Sans » doute par les Infideles, demanda Pi- » zarre ? – Par nous, reprit Gonzale, » par ce jeune Empereur qui lui-même » a porté le deuil de ſa victoire. Va le » trouver ; annonce-lui une vaſte & riche » conquête. Il gémira peut-être ſur le mal- » heur de l'Inde ; mais, ſi ce malheur eſt » utile à ſa grandeur, à ſa puiſſance, il » le laiſſera conſommer ».

Pizarre, en profitant des inſtructions de Gonzale, eut ſans peine accès à la Cour. On le préſente à l'Empereur ; & au milieu du Conſeil aſſemblé, ce jeune Prince ayant daigné l'entendre, le Guerrier lui parle en ces mots :

« Puissant & glorieux Monarque, vous » voyez l'un des premiers Soldats qui, » sous le regne de Ferdinand, ont porté » les armes de la Castille dans le Nou- » veau Monde. Je m'appelle Pizarre; » Truxillo m'a vu naître le plus obscur » de vos Sujets; mais j'ai l'ambition, » peut-être le moyen de faire oublier ma » naissance. Sur la côte de Carthagene & » vers les bords du Darien, je suivis Al- » fonce Ojeda, l'homme le plus déterminé » qui fut jamais. J'appris à son école qu'il » n'est point de dangers que le courage » ne surmonte; & je puis dire qu'il m'a » mis à l'épreuve de tous les maux. Après » lui ce fut sous Vasco de Balboa que » je servis, & que je conçus l'espérance » d'égaler Colomb & Cortès.

» On vous a vanté les richesses de » l'Amérique; & moi, je vous annonce » qu'on ne les connoît pas. Les îles dont » la découverte a fait la gloire de Co- » lomb, le Royaume dont la conquête » a rendu Cortès si fameux, ne sont rien » en

» en comparaiſon des pays que j'ai dé-
» couverts, & dont je viens vous faire
» hommage. C'eſt le Royaume des Incas,
» Peuple adorateur du Soleil, dont ſes Rois
» ſe vantent d'être iſſus, & qu'ils oſent
» appeller leur pere, ſans doute à cauſe
» des richeſſes que la chaleur de ſes rayons
» répand dans ces heureux climats. C'eſt
» une chaîne de montagnes d'or, qui
» s'étend depuis l'équateur juſqu'au tro-
» pique du midi; & parmi ces mon-
» tagnes, les plus rians côteaux & les
» vallons les plus fertiles. Le même jour
» y préſente toutes les ſaiſons réunies;
» la même terre y produit à la fois les
» fleurs, les fruits, & les moiſſons. Les
» Peuples de ces contrées ſont vaillans,
» mais preſque ſans armes. Il eſt facile de
» les vaincre, plus facile de les gagner
» par la clémence & la douceur. J'avois
» abordé ſur leurs côtes, je pénétrois dans
» leur pays; & avec un vaiſſeau & moins
» de deux cens hommes, j'aurois mis
» ſous vos loix des Peuples innombrables,

» & à vos pieds des monceaux d'or. Le » Vice-Roi de Panama, jaloux d'une » entreprise commencée avant lui, & » dont il n'avoit pas la gloire, a rappellé » mes compagnons; il ne m'en est resté » que douze; & avec eux j'ai soutenu, » dans une île déserte, au milieu des tem» pêtes, les plus rudes épreuves de la » nécessité. J'attendois un foible secours; » on me l'a refusé, & on m'a rappellé » moi-même. J'ai obéi, sans renoncer à » ma glorieuse entreprise; & pour vous » soumettre un pays le plus riche de » l'univers, je ne demande que l'honneur » dont jouit Cortès au Mexique, l'hon» neur de commander pour vous, & de » n'obéir qu'à vous seul ».

Pizarre mit alors sous les yeux du Conseil le récit de ses aventures, attesté par ses compagnons; & ce récit, quoique très-simple, ne fut pas lu sans étonnement. Mais, soit que le jeune Empereur voulût encore éprouver Pizarre, soit que, par sa naissance, il ne le crût pas digne du titre auquel il aſpiroit : « L'au» dace de ton entrepriſe, lui dit-il, ſemble » autoriſer celle de ton ambition ; mais » ſois content de partager les richeſſes » que tu m'annonces, & ne demande » rien de plus. – Des richeſſes, lui dit » Pizarre d'un air chagrin & dédaigneux ; » mes matelots & mes ſoldats en revien» dront chargés. Il me faut de la gloire. » Le reſte eſt au-deſſous de moi. Si je ne » ſuis pas digne de gouverner, je ne ſuis » pas digne de vaincre. Nommez le Vice» Roi qui me doit remplacer ; je l'inſtrui» rai : mon plan, mes projets, mes dé» couvertes, je lui communiquerai tout, » excepté mon courage....... dont j'ai » beſoin, pour dévorer l'humiliation d'un » refus ».

Cette franchiſe bruſque & fiere ne déplut point au jeune Monarque. « Il » me ſervira bien, dit-il, puiſqu'il ne » ſait pas me flatter ». Il lui accorda ſa demande ; & Pizarre, dès ce moment, vit une foule de Courtiſans l'entourer, le féliciter, briguer l'honneur de protéger ſes cruautés & ſes rapines, & mendier le prix infâme de l'appui qu'ils lui promettoient. Il vit une jeuneſſe ardente, ambitieuſe, ſe diſputer la gloire de le ſuivre, & de partager ſes travaux; il vit l'avarice elle-même s'empreſſer, à l'appât du gain, de lui équipper une flotte, & riſquer, en tremblant, les frais d'une entrepriſe dont elle attendoit des tréſors.

Pizarre, ſans croire en impoſer à ceux qui ſe fioient à lui, leur prodigua les eſpérances, ſe ménagea l'appui des Grands, s'attira la faveur du Peuple, fit un choix de bons Matelots & de Soldats déterminés, &, parmi les plus braves, prit vingt hommes d'élite pour commander ſous lui. Ses freres furent de ce nombre (*d*). Le jeune Gonſalve Davila ne fut point oublié : Charles daigna recommander à Pizarre de l'emmener avec lui, en paſſant à l'île Eſpagnole.

Ainſi, tout ſecondant ſes vœux, Pizarre, dans le même temple (*e*) & ſur le même autel où Magellan avoit fait le ſerment d'obéiſſance & de fidélité à la Couronne de Caſtille, Pizarre, dans les mains de Charles, prononça le même ſerment.

« Guerrier, lui dit le jeune Prince, ici » l'on confond tous les droits; chacun, » ſelon ſes intérêts ou ſes opinions, fait » pencher la balance entre les Indiens & » nous (*f*). Fatigué de tous ces débats, » je te recommande deux choſes : l'une, » de faire à ton pays tout le bien que tu » croiras juſte, & qui dépendra de toi; » l'autre, de faire aux Indiens le moins de » mal qu'il te ſera poſſible : car ſi je veux » en être obéi, je deſire encore plus » d'en être aimé ». A ces mots, il lui ceignit l'épée, cette épée qui devoit être la marque de ſa dignité (*g*), & qui ne fut pour lui qu'une trop foible défenſe, contre de lâches aſſaſſins.

Cependant, ſa flotte à la rade, & ſes compagnons raſſemblés dans le port de Palos, n'attendent que lui & les vents.

Il arrive ; les vents l'invitent à partir ; il s'embarque, il fait lever l'ancre, & part aux acclamations de tout un Peuple, qui l'exhorte à revenir, chargé des richesses de l'Amérique, déposer les dépouilles des temples du Soleil au pied des autels du vrai Dieu.

NOTES.

(*a*) *Les remplit de terreur*]. En quatre ans l'Inquisition fit le procès à cent mille personnes, dont six mille furent brûlées.

(*b*) *De ces déplorables fureurs*]. Premier Édit contre les Juifs, en quatorze cent quatre-vingt douze. Cet Édit les obligeoit à se convertir, ou à quitter l'Espagne. Cent mille familles se convertirent ou feignirent de se convertir ; huit cents mille Juifs se retirerent en Portugal, en Afrique, ou dans l'Orient.

Second Édit contre les Maures en quinze cent un, qui les forçoit à se faire baptiser, ou à sortir du Royaume en trois mois, sous peine d'être faits esclaves. Une assemblée de Théologiens & de Jurisconsultes avoit décidé qu'on pouvoit en venir à cette violence, malgré la foi du plus ſolemnel des traités. Le Pape Clément VII releva l'Empereur Charles-Quint du ſerment fait par lui, ou par ſes prédéceſſeurs, de permettre aux Maures le libre exercice de leur religion ; il l'exhorta à chaſſer de l'Eſpagne tous ceux qui refuſeroient d'embraſſer le Chriſtianiſme.

(*c*) *Son Code infernal*]. Voyez le Directoire des Inquiſiteurs, & l'extrait qu'on en a donné ſous le titre de Manuel des Inquiſiteurs.

(*d*) *Ses freres furent de ce nombre*]. Fernand, Jean & Gonſale Pizarre.

(*e*) *Dans le même temple*]. Dans l'Egliſe de Notre-Dame de la Victoire.

(*f*) *Et chacun à ſon gré*]. On ſait que la Cour étoit compoſée de Flamands & d'Eſpagnols. Les Flamands étoient pour les Indiens, & vouloient qu'on les laiſſât libres. Les Eſpagnols avoient des intérêts & des principes oppoſés.

(*g*) *De ſa dignité*]. Marquis, Gouverneur, & Adelantade, ou Lieutenant-Général.

CHAPITRE XLIII.

EN abordant à l'île Espagnole, Pizarre apprit que Las-Casas, attaqué d'une maladie que l'on croyoit mortelle, languissoit au bord du tombeau. Il l'alla voir. Gonzalve Davila étoit auprès de lui, & le servoit avec ce zele tendre qu'un fils auroit eu pour son pere.

Le Solitaire, en revoyant Pizarre, se sentit vivement ému. Sur son visage, où étoient peintes la douleur, la foiblesse & la sérénité, se répandit un rayon de joie. « Mon ami, dit-il à Pizarre, en lui tendant la main, je vais » le voir ce Dieu qui nous a tous fait » naître pour nous aimer mutuellement, » pour vivre en paix, nous secourir & » nous soulager dans nos peines. Voyez » combien l'image de la mort est tran- » quille & riante pour l'homme simple » & doux qui se dit à lui-même : Je n'ai

J. M. Moreau le j.ne inv. Helman Sculp. 1776.

Ah, cruel! dis-nous donc, si tu veux mourir, quel est l'ami que tu nous laisses.

» jamais fait gémir l'innocent. Voyez » avec quelle confiance mes yeux, avant » de se fermer, se levent encore vers » le Ciel ; avec quelle consolation mes » bras s'étendent vers mon pere. Il me » voit expirant, & il dit : Celui-là fut » bien foible, mais il ne fut pas méchant; » son sein renferme un cœur sensible ; » ses yeux n'ont jamais vu les larmes » des malheureux sans y mêler des larmes ; » ces mains, qu'il tend vers moi, il les » tendoit de même vers les infortunés » qu'il pouvoit secourir : je serai miséri- » cordieux envers l'homme compâtissant. » Ah Pizarre ! je vous souhaite une mort » semblable à la mienne. Méritez-la en » exerçant la justice & l'humanité ».

A cette voix foible & touchante, à ce langage qu'animoit une piété vive & tendre, à ces regards où sembloit éclater la derniere étincelle de la vie & du sentiment, Pizarre fut ému ; il pressa dans ses mains la main de l'homme juste. « O » mon pere, dit-il, vivez, pour me voir

» pratiquer ce que votre exemple m'en-» seigne, ce que m'inspirent vos vertus. » Pour vous répondre de moi-même, » j'avois besoin d'être revêtu d'une auto-» rité imposante; je le suis; & j'espere » apprendre à ma patrie à conquérir sans » opprimer ».

Le Solitaire lui demanda des nouvelles de son ami, du vertueux Alonzo. « Il » m'a quitté, lui répondit Pizarre avec » douleur; il s'est jeté parmi les Sau-» vages ».

» Le bon jeune homme! dit Las-Casas, » il les aima toujours; il est digne d'en » être aimé. Mais dites-moi quel est à leur » égard l'esprit de la nouvelle Cour d'Es-» pagne? – Elle est partagée, lui dit » Pizarre; mais le parti de l'avarice & » de la tyrannie est toujours le plus fort. » J'ai même vu dans le Sacerdoce des » hommes dévoués à ce parti cruel. Ils » s'autorisent de la cause de Dieu, pour » conseiller la violence; & ils l'exercent » en Espagne avec une rigueur que je

» n'ai pu voir ſans frémir ». Alors il lui fit le tableau de cette fête abominable, à laquelle lui-même il avoit aſſiſté. « Les » monſtres » ! s'écria Las-Caſas, avec un ſentiment d'horreur ſi profond, ſi paſſionné, qu'il en oublia ſa foibleſſe. « O » mon ami ! daignez en croire le témoi- » gnage d'une bouche expirante, car les » craintes, les eſpérances, & tous les inté- » rêts humains s'évanouiſſent devant celui » qui ne va plus laiſſer au monde qu'une » pouſſiere inanimée ; & c'eſt ce moment » que je ſaiſis pour rendre gloire à la re- » ligion. Vous avez entendu, vous enten- » drez encore autoriſer, au nom du ciel, » les plus déteſtables excès : l'orgueil, » l'ambition, la cupidité, la paſſion inſa- » tiable de dominer & d'envahir, ont » trouvé dans le ſanctuaire, & juſqu'au » pied des autels, de lâches partiſans, de » féroces apologiſtes ; &, par une baſſeſſe » indigne d'un miniſtere auguſte & ſaint, » on a cru devoir ſe ranger du côté du » puiſſant, du fort & de l'injuſte, pour

» s'assurer de leur appui. Mais mon ami, » Dieu est immuable; la vérité l'est comme » lui. Ni l'un ni l'autre n'a besoin de la » faveur d'une Cour avare, & d'une po- » pulace avide. Le glaive de la tyrannie, » le sceptre de l'iniquité seront réduits en » poudre; les trônes même ne seront » plus; & Dieu sera, & la vérité avec » lui. J'atteste donc ici ce Dieu, devant » lequel je vais paroître, qu'il con- » damne dans ses Ministres cette honteuse » politique, vile esclave des passions: » je l'atteste qu'il n'a donné à aucun » homme sur la terre le droit de forcer la » croyance & d'annoncer sa loi le poi- » gnard à la main; que celui qui a créé les » ames des Maures & des Indiens, n'a » pas besoin de nos tortures pour les » changer & les réduire; & que le Dieu » qui fait lever le Soleil sur ces régions, » y fera luire aussi, quand bon lui sem- » blera, le flambeau de la vérité. Ainsi, » toutes les fois que vous verrez des » hommes sacrileges remettre le fer & le

» feu dans les mains des Rois & des » Peuples, & puis lever les mains au » ciel, & dire : Elles ſont innocentes, » elles n'ont point verſé le ſang; fuyez » ces fourbes hypocrites. Qu'ils ſoient » bourreaux eux-mêmes, s'ils veulent » des martyrs. Mais gardez-vous d'attri- » buer à la religion la dureté, l'orgueil, » la cruauté de ſes Miniſtres. La paix, » l'indulgence & l'amour, voilà ſon eſ- » prit, ſon eſſence. C'eſt à ce caractere » immuable, éternel, qu'on la recon- » noîtra toujours. Mon ami, je l'ai dit aux » Rois, je l'ai dit aux tyrans de l'Inde; & » ſi Dieu prolongeoit mes jours, j'irois le » dire à ce jeune Monarque dont on » égare la raiſon; je monterois ſur ce » bûcher où l'on fait périr, dites-vous, » tant de malheureuſes victimes; & de- » là je demanderois à ce tribunal ſangui- » naire, ſi c'eſt ſur l'autel de l'agneau » qu'il a pris ces tiſons ardens? Je de- » manderois à ce Roi, qui l'a rendu le » juge des penſées & le tyran des ames?

» & si ces Prêtres fanatiques ont pu lui » conférer un pouvoir qu'ils n'ont pas ? » Ils le renverseroient ce bûcher infernal, » ou m'y feroient brûler vivant ».

» Homme juste, lui dit Pizarre, calmez-» vous ; & n'abrégez point des jours » qui nous sont précieux. Vous avez » assez fait ; & ce zele héroïque va même » au-delà des devoirs que vous impose » votre état. – Mon état ! & qui rendra » gloire à la religion, si ce n'est son Mi-» nistre ? Qui la vengera de l'injure qu'un » fanatisme atroce lui fait en l'invoquant ? » Les voilà nos devoirs, sans doute. Tant » que les Peuples & les Rois ne mêlent » point les intérêts du ciel dans leurs pro-» jets d'iniquité, ils peuvent nous fermer » la bouche ; mais dès qu'ils s'autorisent » de la cause de Dieu pour être injustes » & cruels, c'est à nous, à travers les » lances & les épées, de crier, que Dieu » désavoue les crimes commis en son » nom. Malheur à nous, si par notre » silence on l'en croyoit complice. Hé

» quoi ! le zele ne ſaura-t-il jamais qu'op-
» primer & détruire ? La charité, comme
» la Foi, n'aura-t-elle pas ſes martyrs » ?

Tandis que Las-Caſas, d'une voix ranimée par l'amour de l'humanité, tenoit ce langage à Pizarre, la nuit avoit enveloppé l'île Eſpagnole de ſes ombres ; le ſilence y regnoit ; tout repoſoit, juſqu'aux eſclaves ; on n'entendoit que le bruit des flots, qui ſe briſoient contre le rivage, avec un murmure plaintif, qui ſembloit imiter celui de la nature, opprimée dans ces climats.

Alors on entendit frapper à la porte du Solitaire. Le jeune Davila ſe leve, va, & revient avec inquiétude ; & ſe penchant ſur le lit de Las-Caſas, il le conſulte en ſecret « Oui, qu'il entre, dit Las-Ca-
» ſas. Pizarre eſt magnanime ; & ce ſeroit
» lui faire injure, que de nous méfier de
» lui. Vous allez voir, lui dit-il, un Ca-
» cique, qui, s'étant retiré depuis plus de
» dix ans dans les montagnes de l'île (*),

(*) Les montagnes de Baoruco.

» s'y conduit avec une valeur & une » bonté ſans exemple. Par lui ſa retraite » ſauvage eſt devenue inacceſſible ; & » c'eſt le refuge aſſuré de tous les Inſu» laires qui échappent à leurs tyrans. » Il a diſcipliné trois cens hommes » pleins de courage, & il les contient » dans les bornes d'une défenſe légitime. » Vigilant, actif, plein d'ardeur, & auſſi » prudent qu'intrépide, il ſe tient ſur ſes » gardes, & il n'attaque jamais. Il a vu » maſſacrer ſes amis, ſa famille entiere; » il a vu brûler vifs ſon pere & ſon » aïeul (*) ; & s'il lui tombe entre les » mains un des bourreaux de ſa patrie, » il le déſarme & le renvoie : ſon ennemi » le plus cruel, dès qu'il eſt pris vivant, » eſt aſſuré de ſon ſalut : il ne voit plus » en lui qu'un homme. Heureuſement, & » pour la gloire de la religion, il eſt » Chrétien. J'ai eu le bonheur de l'in» ſtruire ; il s'en ſouvient ; il m'aime

(*) A Xaragua, ſous le gouvernement d'Ovando.

» tendrement.

» tendrement. Il a ſu que j'étois malade ; » & vous voyez à quels dangers il s'eſt » expoſé pour me voir ».

Barthelemi achevoit à peine, lorſque le jeune Davila revint, ſuivi du Cacique, qu'une Indienne accompagnoit. Henri (c'étoit le nom de ce Héros Sauvage) ſe précipite avec tranſport ſur le lit de Las-Caſas, & lui baiſant mille fois les mains avec un attendriſſement inexprimable : « O mon pere, dit-il, mon pere ! je » te revois. Qu'il me tardoit ! Mais je te » revois ſouffrant ; & ta main brûle ſous » mes levres ! Mes freres, tes enfans, » allarmés de ton mal, ſont venus affliger » mon ame. Je n'ai pu réſiſter à l'impa- » tience de te voir. Si j'étois pris, je ſais » ce qui m'attend ; mais j'ai voulu m'y » expoſer pour venir embraſſer mon pere. » Écoute, ajouta le Sauvage, en ſoulevant » ſa tête, ils diſent que tu es attaqué d'une » maladie à laquelle le lait de femme eſt » ſalutaire. Je t'amene ici ma compagne. » Elle a perdu ſon enfant ; elle a pleuré ſur

» lui ; elle a baigné du lait de ses ma» melles la poussiere qui le couvre ; il ne » lui demande plus rien. La voilà. Viens, » ma femme, & présente à mon pere » ces deux sources de la santé. Je don» nerois pour lui ma vie ; & si tu pro» longes la sienne, je chérirai jusqu'au » dernier soupir le sein qui l'aura allaité ».

Barthelemi, les yeux attachés sur Pizarre, jouissoit de l'impression que faisoit sur le cœur du Castillan la bonté du Cacique ; le jeune Davila, présent, versoit de douces larmes ; & l'Indienne, d'une beauté céleste, & d'une modestie encore plus ravissante, regardant Las-Casas d'un œil respectueux & tendre, n'attendoit qu'un mot de sa bouche pour y porter son chaste sein.

Las-Casas, pénétré jusqu'au fond de l'ame, voulut refuser ce secours. « Ah, » cruel ! s'écria le Cacique, dis-nous » donc, si tu veux mourir, quel est » l'ami que tu nous laisses. Tu le sais, » nous n'avons que toi pour consolation,

» pour eſpoir. Si tu nous aimes, ſi tu nous » plains, & ſi je te ſuis cher moi-même, » accorde-moi ce que je viens te deman- » der, au péril de ma tête, au milieu de » mes ennemis. Viens, ma femme, em- » braſſe mon pere; & que ton ſein force » ſa bouche à y puiſer la vie » En achevant ces mots, il prend ſa femme dans ſes bras, & l'ayant fait pencher ſur le lit de Las-Caſas : « Adieu, mon pere, lui » dit-il. Je laiſſe auprès de toi la moitié » de moi-même; & je ne veux la revoir » que lorſqu'elle t'aura rendu à la vie & » à notre amour ».

Cette jeune & belle Indienne, à genoux devant Las-Caſas, lui dit à ſon tour : « Que crains-tu, homme de paix » & de douceur ? Ne ſuis-je pas ta fille ? » n'es-tu pas notre pere ? Mon bien-aimé » me l'a tant dit! Il donneroit pour toi » ſon ſang. Moi, je t'offre mon lait. Daigne » puiſer la vie dans ce ſein que tu as fait » treſſaillir tant de fois, lorſqu'on me ra- » contoit les prodiges de ta bonté ».

Trop attendri pour rejeter une priere ſi touchante, trop vertueux pour rougir d'y céder, le Solitaire, avec la même innocence que le bienfait lui étoit offert, le reçut; il permit à la jeune Indienne de ne plus s'éloigner de lui; & ce fut à la piété de Henri & de ſa compagne, que la terre dut le bonheur de poſſéder encore long-temps cet homme juſte.

« Ange tutélaire de ce Nouveau » Monde, lui dit Pizarre, que vous êtes » heureux d'y régner ainſi ſur les cœurs! » D'autres auront ſubjugué l'Inde; mais » vous ſeul vous l'aurez ſoumiſe par l'aſ- » cendant de la vertu ».

L'attendriſſement du jeune Davila le fit remarquer de Pizarre; & Las-Caſas le lui nomma. « Fils d'un pere trop enne- » mi des Indiens, lui dit Pizarre, vous » voyez des exemples bien différens du » ſien »! Il lui apprit que l'Empereur l'avoit recommandé à lui, & qu'il étoit deſtiné à le ſuivre. Mais Gonſalve, dans ce moment, ne pouvoit ſe réſoudre à ſe ſéparer de Las-Caſas.

« Mon ami, lui dit le Solitaire, votre » devoir eſt d'obéir. J'aimerois mieux vous » voir obſcur que de vous ſavoir cou-» pable. Mais la confiance que Pizarre » m'inſpire adoucit mes regrets, & mo-» dere mes craintes. Je vous conſeille de » le ſuivre, & vous invite à l'imiter. Venez » me voir encore demain : j'écrirai à mon » cher Alonzo ; je vous chargerai de ma » lettre ; & ſi Pizarre peut ſavoir où ce » bon jeune homme reſpire, il la lui fera » parvenir ».

En écrivant cette lettre fatale, qui lui eût dit qu'il alloit ſigner la ruine des Indiens !

CHAPITRE XLIV.

Impatient de se rendre sur l'isthme, Pizarre, au premier souffle d'un vent favorable, mit à la voile, & partit de l'île Espagnole. Son arrivée à Panama rendit l'espérance & la joie à ses amis. On s'empressa de lui armer une flotte; & dès qu'elle fut équipée, il s'embarqua, avec la résolution d'aller descendre aux bords qu'il avoit reconnus. Mais il fut forcé par les vents d'aborder au port de Coaque, non loin du promontoire de Palmar; & de-là, pour ne plus dépendre de l'inconstance des flots, il marcha le long du rivage, ayant commandé à sa flotte de le joindre au port de Tumbès.

Des sables, des vallons remplis de bois hérissés & touffus, dont la ronce & le manglier font un tissu impénétrable, des torrens, des fleuves rapides, un air embrâsé, les horreurs d'une solitude profonde, tout ce que la nature a de plus effrayant s'oppose à son passage, & ne peut arrêter ses pas. Il marche sous un ciel de feu, il foule une terre brûlante. Ses compagnons, qu'il encourage au nom de la gloire & de l'or, s'enfoncent avec lui dans ces bois, où jamais les serpens venimeux, dont ils étoient jonchés, n'avoient vu les traces de l'homme. Il s'élance dans les torrens; il enseigne à ses compagnons à les traverser à la nage; & ceux que le danger rebute, ou que les forces abandonnent, il les anime, il les soutient, il les dispute aux flots qui les entraînent, & luttant d'une main, les soulevant de l'autre, il les amene au bord. Intrépide & infatigable, il s'avance, il découvre enfin des champs cultivés, des cabannes, des hameaux peuplés d'Indiens; & la terreur qu'il y répand fait bientôt passer à Quito la nouvelle de son retour. Mais le cruel état des choses, dans le Royaume des Incas, n'avoit pas permis de veiller à la défense des vallées.

Huaſcar étoit captif dans les murs de Cannare; mais l'un de ſes freres, Mango, refugié dans les détroits des montagnes de l'orient, avec les reſtes de ſa famille & les débris de ſon armée, méditoit le hardi deſſein de rentrer dans Cuſco & d'en chaſſer Palmore. Il voyoit même tous les jours ſon camp ſe groſſir de nouveaux transfuges, qu'effrayoit la domination de l'uſurpateur de l'Empire & de l'oppreſſeur de leur Roi.

Tels, lorſqu'un vaſte incendie ſe répand dans une forêt, les animaux qui l'habitoient, chaſſés de leur retraite par la rapidité des flammes, que pouſſe un vent impétueux, ſe retirent, en mugiſſant, ſur des rochers inacceſſibles, & de-là, fixant un œil morne ſur la forêt que le feu dévore, ils ſemblent murmurer entre eux leur épouvante & leur douleur.

Bientôt l'intrépide Mango deſcend, à la tête des ſiens, des montagnes de l'orient. La renommée, qui le précede, a ſemé le bruit de ſa marche. Le courage, dans tous les cœurs, ſe ranime avec l'eſpérance ; dans Cuſco le Peuple commence à s'émouvoir ; & le bruit ſourd & menaçant de la révolte s'y fait entendre.

Au ſignal d'un ſoulevement & à l'approche d'une armée, Palmore abandonne la ville. Il fait pourvoir abondamment la citadelle qui la domine (*a*), & s'y enferme avec les ſiens.

Mango trouve la ville ouverte ; il y entre comme en triomphe ; & fier d'une nombreuſe armée, qu'il fait camper autour des murs, il envoie à la citadelle ſommer Palmore de ſe rendre. Celui-ci répond que la paix ou la mort le déſarmera. On le preſſe, on lui fait entendre que tout l'Empire eſt ſoulevé, qu'Ataliba eſt perdu ſans reſſource, & que lui-même il n'a d'eſpoir qu'en la clémence de Mango. « Je ne ſais point ce qui ſe » paſſe hors des remparts que je défends, » répond ce généreux Guerrier. Ataliba » eſt homme ; il peut éprouver des re- » vers. Mais, puiſqu'il lui reſte avec moi

» deux mille Sujets fideles, il n'a pas tout
» perdu. S'il n'étoit plus lui-même, peut-
» être alors prendrois-je conseil de la né-
» cessité; mais tant qu'il est vivant, je
» ne dépends que de lui seul; & je
» laisse Mango exercer sa clémence sur
» des malheureux, s'il en est d'assez lâches
» pour l'implorer ».

Cependant, comme il s'apperçut que quelques-uns des siens étoient troublés de ces menaces : « Quand il seroit vrai, » leur dit-il, qu'Ataliba fût malheureux, » lui en serions-nous moins fideles? Res- » semblerions-nous aux oiseaux, qui » s'envolent d'un arbre, dès qu'il est » ébranlé par quelque tourbillon rapide? » L'arbre est courbé; il se relevera : » laissons passer l'orage ». Alors, choisissant parmi eux un messager intelligent & sûr : « Cherche Ataliba, lui dit-il; » apprends-lui que la forteresse de Cusco » est à nous encore; que c'est moi qui » la garde; & que j'ai avec moi deux » mille hommes déterminés à verser pour

» lui tout leur ſang. Voilà, dit-il, en ſe » tournant vers ſes Soldats qui l'écou» toient, voilà comme il faut que l'on » parle à ſes amis dans le malheur; & le » meilleur ami d'un bon Peuple, c'eſt un » bon Roi ».

Sur les premiers avis qu'on avoit reçus du ſoulevement de Cuſco, le Roi de Quito s'avançoit au ſecours de Palmore; & Alonzo avoit voulu le ſuivre, malgré les larmes de Cora. Ils avoient paſſé les plaines de Loxa, vu les ſources de l'Amazone, & du haut des monts qui dominent le fleuve Abancaï, ils découvroient les campagnes que ce beau fleuve arroſe, quand le meſſager de Palmore vint audevant d'Ataliba, l'avertit que Mango venoit à lui; que Palmore, avec deux mille hommes, gardoit encore la citadelle; & que le Chef & les Soldats lui étoient dévoués. Molina l'entendit, & dans le moment même il prit ſa réſolution. « Laiſſe-moi, dit-il à l'Inca, te » choiſir, non loin de ce fleuve, un camp

» facile à retrancher, où ton armée se » repose; & profitons de l'avantage que » le sort nous a ménagé ». Il fit donc avancer l'armée sur le côteau qui dominoit la plaine, lui traça lui-même son camp; & vers la nuit, il appella le messager de Palmore, l'instruisit, & le renvoya.

Mango passe l'Abancaï, s'avance, & voyant l'ennemi retranché dans son camp, l'insulte, & l'appelle au combat.

Ataliba, vivement offensé, s'indignoit de ne pas sortir; il se croyoit couvert de honte, & s'en plaignoit à son ami. « Ne vois-tu pas, lui dit Alonzo, » que ces défis & ces menaces n'an» noncent dans tes ennemis qu'impru» dence & légéreté? Laisse venir le jour » que j'ai marqué pour leur défaite; alors » nous répondrons en hommes à ces témé» rités d'enfans ».

Deux jours après, l'aurore ayant éclairé l'horizon, le Roi de Quito vit paroître, au-delà du camp ennemi, sur une colline oppoſée, le drapeau flottant de Palmore. « Voici le moment, Prince, » dit le jeune Eſpagnol ; & ſi Palmore » fait ſon devoir, l'Empire eſt à toi ſans » partage ». Il dit ; & le ſignal donné, l'armée abandonne ſon camp, & va ſe ranger dans la plaine.

Alonzo ſe réſerve deux mille combattans, armés de haches & de maſſues, pour charger lui-même à leur tête. C'eſt la troupe de Capana ; & ce Cacique anime ſes Sauvages à mériter l'honneur de combattre ſous Alonzo. Cependant la fleche & la fronde engagent le combat. On s'approche ; & bientôt une horrible mêlée confond les coups, & fait couler enſemble des flots du ſang des deux partis.

Alors, du haut de l'éminence où Palmore s'eſt repoſé, il fond ſur l'armée ennemie ; &, d'une ardeur égale, l'impétueux Alonzo marche à la tête du corps terrible qu'il réſervoit pour ce moment.

Entre ces deux attaques ſoudaines &

rapides, Mango, ſurpris, épouvanté, diſſimule en vain ſon effroi. Le trouble a gagné ſon armée. Tout ſe diſperſe, tout s'enfuit. La légion des Incas réſiſte ſeule, & ſe tient immobile, comme un rocher au milieu des vagues qui le couvrent de leur écume. En vain ſes pertes l'affoibliſſent; en vain elle ſe voit accablée ſous le nombre; trois fois on l'invite à ſe rendre, trois fois, avec un fier mépris, elle rejette ſon ſalut. Sa réſiſtance, & le carnage qu'elle fait en ſe défendant, achevent d'étouffer un reſte de compaſſion dans les bataillons qui la preſſent. Elle ſuccombe enfin; aucun de ſes Guerriers ne quitte ſon rang; ils périſſent dans la place où ils combattoient; & ce qui reſte des vaincus, cherchant leur ſalut dans la fuite, laiſſent ſur le champ de bataille Ataliba, vainqueur & conſterné, parcourir ces plaines de ſang, & ſe reprocher ſa victoire. Hélas! cette victoire qui lui arrachoit des larmes, étoit pour lui le terme de la proſpérité, & comme le dernier ſourire, le ſourire cruel & traître de la fortune qui l'abandonnoit.

Ce même jour, ce jour funeſte vit arriver Pizarre ſur la rive du fleuve qui baigne les champs de Tumbès.

NOTE.

(a) *LA Citadelle qui la domine*]. Tupac Yupangué, dixieme Inca, avoit fait conſtruire cette Citadelle avec les matériaux amaſſés par ſon pere Yupangué.

CHAPITRE XLV.

VERS l'embouchure de ce fleuve, eſt une île ſauvage (*), où Pizarre avoit réſolu de ſe ménager un refuge. Il y paſſa ſur des canots ; car il avoit devancé ſa flotte. Mais cette île étoit la demeure d'un Peuple indomptable & féroce. Pizarre, dédaignant de perdre, à réduire ce Peuple, un temps qui lui étoit précieux, n'attendit que ſa flotte pour revenir camper ſur le rivage & devant le fort de Tumbès.

Dans ce fort étoient enfermés mille Indiens détachés de l'armée d'Ataliba. Orozimbo étoit à leur tête. Sous lui commandoit Télaſco. La belle & tendre Amazili, l'arc à la main, le carquois ſur l'épaule, telle & plus fiere en ſon maintien & plus légere dans ſa courſe qu'on

(*) L'île de Puna.

ne

ne peint Diane elle-même, avoit ſuivi ſon frere & ſon amant, digne, par ſon courage, de partager leur gloire.

Pizarre ſe ſouvint du Peuple de Tumbès, de l'accueil plein d'humanité (*a*), de candeur & de bienveillance qu'il en avoit reçu; il réſolut de bonne foi d'achever de gagner l'eſtime & l'amitié de ce bon Peuple. Il aſſembla donc ſes guerriers, & leur tint ce diſcours :

« Caſtillans, je vous ai promis des » richeſſes & de la gloire. De ces deux » biens, l'un vous eſt aſſuré, l'autre dé» pend de vous. Ceux de vous qui veulent » de l'or, s'en retourneront chargés d'or : » je vous en ſuis garant : ne vous abaiſſez » pas juſqu'au ſoin vil d'en amaſſer. Pour » la gloire, c'eſt autre choſe : une haute » entrepriſe la promet, ne l'aſſure pas. » Celui-là ſeul l'obtient, qui la mérite : ja» mais le crime ne la donne. Les Conqué» rans de l'Amérique ont fait tout ce qu'on » peut attendre de l'audace & de la valeur. » Ils ne feront pourtant jamais qu'au

» nombre des brigands insignes. L'homme
» étonnant à qui l'Espagne a dû le Nouveau Monde, Colomb, s'est dégradé
» par une trahison; Cortès, par une perfidie plus noire & plus infâme encore;
» & c'est lui qu'ont flétri les fers dont
» il a chargé Montezume. Le reste s'est
» déshonoré par les plus indignes excès.
» Il dépend de nous, mes amis, d'en
» partager l'opprobre, ou de nous en
» laver, nous & notre patrie, par une
» conduite opposée : nous en avons encore le choix. Il s'agit de ranger sous
» la puissance de l'Espagne la plus riche
» moitié de ce Nouveau Monde; & il
» en est deux moyens, la douceur & la
» violence. La violence est inutile; &
» chez des Nations guerrieres, où nous
» sommes en petit nombre, elle seroit
» aussi dangereuse qu'injuste. Le danger
» n'est rien, je le sais; mais la gloire,
» la gloire est tout; & quand nous aurions opprimé, dévasté, changé ces
» contrées en des déserts sanglans, en de

» vaſtes tombeaux, oſerions-nous repaſſer » les mers, chargés de tréſors & de crimes, » & pourſuivis par les remords? Les ma» lédictions d'un monde, les reproches » de l'autre, la colere du ciel, enfin les » cris de la nature & de l'humanité, tout » cela fait horreur. Ni les grandeurs, ni » les richeſſes ne conſolent d'être odieux: » c'eſt un courage qui me manque; vous » ne l'avez pas plus que moi. Faiſons» nous des proſpérités dont nous n'ayons » point à rougir, ou un malheur qui nous » honore. Rien n'eſt ſi beau que ce qui » eſt juſte. Rien n'eſt ſi juſte ſur la terre » que l'empire de la vertu. Tâchons de » dominer par elle. Quelle conquête, » mes amis, que celle qui n'auroit coûté » ni larmes ni ſang! Quel triomphe, que » celui qui ne ſeroit dû qu'au pouvoir » des bienfaits! La reconnoiſſance & l'a» mour nous livreroient tous les biens de » ces Peuples; pour les vaincre & les » captiver, nos armes ſeroient inutiles; » & c'eſt alors qu'elles ſeroient dignes

» d'orner les temples de ce Dieu que nous
» venons faire adorer ».

Toute la jeuneſſe applaudit ; mais ceux des guerriers Caſtillans qui avoient ſervi ſous Davila, & dont les mains s'étoient déja trempées dans le ſang des Peuples de l'iſthme, tirerent un mauvais préſage de ce qu'ils appelloient molleſſe dans leur Général. Vincent de Valverde ſur-tout, ce Prêtre ardent & fanatique, fut indigné de reconnoître dans le langage de Pizarre les ſentimens de Las-Caſas ; & fronçant un ſourcil atroce : « Ils fléchiront, diſoit-il en lui-même,
» ils fléchiront ſous le joug de la Foi,
» ou ils ſeront exterminés ».

Sans écouter cet odieux murmure, Pizarre marcha vers Tumbès, & fit demander au Cacique de le recevoir en ami. Mais le Cacique, enfermé dans ſa ville, répondit qu'elle dépendoit d'Ataliba, Roi de Quito, qui l'avoit priſe ſous ſa garde ; & que le fort la protégeoit.

Il falloit attaquer ce fort. Pizarre s'approche ; il l'obſerve ; & quel eſt ſon étonnement, lorſqu'à cette enceinte, à ces angles, à ces murs de gazon, faits pour être à l'épreuve de ſes plus foudroyantes armes, il reconnoît l'art des Européens ! « C'eſt Molina, c'eſt lui qui » enſeigne aux Indiens à ſe retrancher » devant nous, dit Pizarre : il a fait con» ſtruire ces remparts ; peut-être il les » défend lui-même ». Impatient de s'en inſtruire, il demande à parler au Commandant du fort ; & Orozimbo ſe préſente. « Eſpagnol, je ſuis Mexicain, je » ſuis neveu de Montezume. Juge ſi je » dois te connoître, ſi je puis me fier à » toi. C'eſt ici mon dernier aſyle. Ce » ſera mon tombeau ; ſi ce n'eſt pas le » tien ».

Des Mexicains dans le fort de Tumbès ! Rien n'étoit plus inconcevable : Pizarre ne pouvoit le croire. Cependant il fallut céder aux inſtances des Caſtillans. Indignés d'une réſiſtance qu'ils regardoient comme une insulte, ils murmuroient, ils demandoient l'assaut. Pizarre le promit. Mais, afin qu'il fût moins sanglant, il voulut agir de surprise, & à la faveur de la nuit. On se plaignit de sa prudence : elle faisoit injure à ceux qu'elle paroissoit ménager : ses guerriers, ses soldats eux-mêmes se seroient crus déshonorés par ces précautions timides : ce n'étoit pas devant ces troupeaux d'Indiens qu'il falloit craindre le grand jour, si favorable à la valeur. Le Héros gémit, & céda.

L'attaque fut vive & rapide. Les foudres de l'Europe voloient sur les remparts ; les Indiens épouvantés n'osoient paroître ; & la fascine amoncelée alloit applanir le fossé. Orozimbo, qui voit la terreur dont tous les esprits sont frappés, les ranime & les encourage. « Hé » quoi ! mes amis, leur dit-il, qu'a donc » ce bruit qui vous effraie ? Est-ce le » bruit qui tue ? & faut-il tant d'effort » pour rompre le fil de la vie ? Ces

» bouches brûlantes, ſans doute, vomiſſent » la mort ; mais la mort eſt auſſi au bout » d'une fleche ; & l'arc, dans la main » d'un brave homme, eſt terrible comme » le feu. Chacun de vous n'a qu'une » mort à craindre, & il en a mille à » donner : vos carquois en ſont pleins. » Paroiſſez donc, & repouſſez une troupe » d'hommes hardis, mais foibles, vulné- » rables & mortels comme vous ». Il dit, & à l'inſtant une grêle de traits répond au feu des Caſtillans. L'approche du foſſé, la route du ſoldat, qui vient y jeter ſa faſcine, commence à être périlleuſe. Plus d'une fleche, mais ſur-tout celles des Mexicains, ſe trempent dans le ſang. Un œil vengeur les guide, & choiſit ſes victimes. Pennate, Mendès & Salcédo ſe retirent bleſſés ; l'intrépide Lerma entend ſiffler à travers ſon panache le trait qui lui étoit deſtiné. Le vaillant Péralte s'étonne de voir une fleche rapide percer ſon épais bouclier, & venir effleurer ſon ſein. Le bras nerveux de Télaſco l'avoit lancée ; mais l'airain l'émoussa : elle tomba sans force aux pieds du superbe Espagnol.

Bénalcasar, qui devoit être l'un des fléaux de ces contrées, du haut de son coursier fougueux, pressoit les travaux des soldats. Une fleche qui part de la main d'Orozimbo, atteint le coursier dans le flanc. L'animal indompté se dresse, frappe l'air de ses pieds, se renverse, & sous lui foule son guide étendu sur le sable. Orozimbo, qui le voit tomber, en pousse un cri de joie. « Ombres de » Montezume & de Guatimozin ! ombre » de mon pere ! dit-il, ombres de mes » amis ! recevez ce tribut, ce foible tri- » but de vengeance. Je ne mourrai donc » pas sans avoir fait vomir le sang & » l'ame à l'un de nos tyrans » ! Il se trompoit : la molle arêne céda sous le poids du coursier ; le Castillan y fut enseveli, mais se releva de sa chûte, plus furieux, plus implacable, plus altéré du sang des Indiens.

Le plomb mortel, qui portoit ſur les murs de plus inévitables coups, ne vengeoit que trop bien Pizarre, mais ne le conſoloit pas. Pour lui la plus légere perte étoit funeſte. Il s'affligeoit ſur-tout de voir les Indiens s'aguerrir, & s'accoutumer à ce bruit, à ce feu des armes, qui partout avoit répandu tant d'effroi dans ce Nouveau Monde. Il falloit, ou les rendre encore plus intrépides, en cédant à leur réſiſtance, ou faire tout dépendre du haſard d'un moment. Le foſſé, dans ſa profondeur, étoit comblé de l'un à l'autre bord, & l'eſcalade étoit poſſible. Pizarre s'y réſout, & l'ordonne. A l'inſtant le feu redouble & la protege.

Orozimbo ne perd point courage. Il défend à ſes Indiens de s'expoſer au feu. « Imitez-nous, dit-il : Télaſco, mes amis & » moi, nous allons vous donner l'exemple ». Il eut ſeulement ſoin d'écarter du lieu de l'aſſaut ſa ſœur, qui lui tendoit les bras, & le conjuroit par ſes larmes de la ſouffrir auprès de lui.

Alors, s'armant de haches & de lourdes massues, ils attendent, tête baissée, les plus hardis des assaillans.

Il en parut trois à la fois, Moscose, Alvare, & Fernand, le jeune frere de Pizarre. Ils s'élevent, tenant le glaive d'une main, le bouclier de l'autre, & portant dans les yeux un courage déterminé.

Télasco s'adresse à Moscose, & d'un coup de massue lui brisant sur la tête l'écu qui lui sert de défense, le renverse du haut des murs. Il tombe comme foudroyé sur ses soldats qui alloient le suivre, & roule sur leurs boucliers.

Fernand Pizarre va s'élancer de l'échelle sur le rempart; mais, encore chancelant sur un appui fragile, il ne peut ni parer, ni porter des coups assurés. Orozimbo, l'ayant saisi au bras dont il tenoit le glaive, le désarme & l'entraîne à lui. Il se débat; mais il est terrassé. Son vainqueur lui laisse la vie; & le soldat qui prend sa place reçoit pour lui le coup mortel.

Alvar, dans l'instant qu'il s'attache au

bord du mur, pour le franchir, ſent tomber ſur ſon caſque la hache meurtriere ; & le coup, en gliſſant, le bleſſe au bras qui lui ſervoit d'appui. Il eſt précipité ſanglant ; & ſes ſoldats, voyant ſur leur tête la maſſue levée pour les frapper, n'oſent s'expoſer après lui à une mort inévitable.

Pizarre croit avoir perdu le plus tendre, le plus aimable, le plus vertueux de ſes freres ; mais il dévore ſa douleur. Il voit la conſternation de ceux qu'il a trop écoutés ; & ſans y ajouter le reproche, il fait interrompre l'aſſaut.

Le premier ſoin d'Orozimbo, après que l'ennemi ſe fut retiré dans ſon camp, fut de faire réduire en cendres ce vaſte monceau de faſcines dont on avoit comblé le foſſé du rempart ; & tandis que des tourbillons de fumée & de flammes s'élevoient au-deſſus des murs : « Viens, » dit-il au jeune Pizarre, & vois ce bû» cher allumé. Quand je t'y jeterois » vivant, quand j'y ferois brûler avec

» toi tous tes compagnons, & avec eux » leurs peres, leurs enfans & leurs » femmes, je ne vous rendrois pas les » maux que ta Nation nous a faits.... » Va-t-en, va dire à ces barbares que les » neveux de Montezume, ayant à leurs » pieds un brasier, & dans leurs mains » un Castillan.... Va-t-en, te dis-je, & » ne tarde pas; car je crois entendre » les plaintes de l'ombre de Guati- » mozin ».

Fernand Pizarre s'en alloit, le cœur flétri, l'ame abattue, n'osant s'avouer à lui-même qu'il respiroit par la clémence d'un Indien, d'un Indien neveu de Montezume! Dans la plaine qui séparoit le camp des Espagnols du fort de Tumbès, il rencontre un vieillard étendu sur le sable, & baigné dans son sang. Ce vieillard respiroit encore; & tendant les bras au jeune homme, il l'appelloit à son secours. Pizarre approche. L'Indien leve sur lui un œil mourant, lui montre son flanc déchiré, & fait un signe vers le rivage, un autre ſigne vers le ciel, comme pour indiquer le crime & le vengeur.

Le guerrier attendri lui donne tous les ſoins de l'humanité ; il étanche le ſang de ſa bleſſure ; & l'aidant à ſe ſoulever & à ſe ſoutenir, il veut le mener au camp. Le vieillard, friſſonnant d'horreur, le conjuroit, en lui baiſant les mains, de prendre une route oppoſée. « Non, diſoit-il ; c'eſt de ce » côté-là qu'ils ſont allés. – Qui donc ? lui » demanda Pizarre. – Les meurtriers, dit » le vieillard. Ils étoient vêtus comme » toi ; ils te reſſembloient. . . . Non, par» donne, je ne veux pas te faire injure : » tu es auſſi bon qu'ils ſont méchans. Ils » venoient du fort, ils alloient vers le » rivage de la mer ; & moi, je traver» ſois la plaine ; je ne leur faiſois aucun » mal. L'un d'eux m'a regardé d'un œil » menaçant & farouche. Je tremblois ; je » l'ai ſalué pour l'adoucir ; & lui, tirant » ſon glaive, il me l'a plongé dans le » flanc ».

« Ah ! les barbares ! s'écria le jeune » homme ſaiſi d'horreur. Et moi, & moi, » dans le moment qu'ils t'aſſaſſinoient » !.... Il n'en put dire davantage : les ſanglots lui étouffoient la voix. Il embraſſe, il baigne de pleurs le vieillard Indien. « Ah! » ſi tu ſavois, reprit-il, combien je dé- » teſte leur crime ! combien je le dois » abhorrer ! Bon vieillard, tes jours me » ſont chers : je ne t'abandonnerai pas. » Dis-moi, où faut-il te conduire ? – A ce » village que tu vois, dit l'Indien. C'eſt » là que mes enfans m'attendent. Au nom » de ton pere, aide-moi à me traîner » vers ma cabane : je ne demande au ciel » que de voir encore une fois mes enfans, » & de mourir entre leurs bras ». Il n'eut pas même cette joie. A quelques pas de là, ſes genoux s'affoiblirent ; il ſentit ſon corps défaillir ; & ſe laiſſant tomber dans le ſein de Pizarre, il fixa ſes yeux ſur les ſiens, lui ſerra la main tendrement, regarda le ciel, & tournant ſa vue attendrie & mourante vers ſon village, il expira.

Fernand, accablé de tristesse, retourne au camp des Espagnols. Le Conseil étoit assemblé dans la tente du Général ; & quel fut le ravissement de ce Héros, en revoyant son frere, un frere tendrement chéri, qu'il croyoit perdu pour jamais ! Il se leve, il l'embrasse. Les deux autres guerriers du même sang témoignent les mêmes transports ; & tout le Conseil s'intéresse à leur joie & à son retour. On l'interroge. Il dit ce qu'il a vu, & la valeur des Mexicains, & la clémence de leur Chef, & la rencontre du vieillard. Son ame se répand dans ce récit qui la soulage ; son attendrissement s'exprime par des larmes, & il en fait couler. « O mon frere ! dit-il enfin, en » s'adressant au Général, c'est nous qui » apprenons aux Sauvages à être cruels » & perfides ; & ils ne peuvent nous » apprendre à être bons & généreux ! » Quelle honte pour nous ! Je demande » vengeance du meurtre de cet Indien ; » je la demande au nom du ciel & au

» nom de l'humanité. Découvrez quel » eſt parmi nous l'homme aſſez lâche, » aſſez féroce, pour avoir plongé ſon » épée dans le ſein d'un homme paiſible, » d'un foible & timide vieillard ».

Il y avoit dans ce Conſeil des hommes durs, qui, en ſouriant, diſoient tout bas, que le jeune Pizarre mettoit un grand prix à la vie, puiſqu'en daignant la lui laiſſer, on l'avoit ſi fort attendri. Il s'apperçut de ce ſourire, & il en étoit indigné; mais le Général, impoſant à ſon impatience, lui dit de prendre place dans le Conſeil.

Le grand intérêt des Caſtillans étoit de ménager leurs forces. Ils étoient en trop petit nombre pour haſarder encore de s'affoiblir par un nouvel aſſaut. Il falloit donc ou laiſſer en arriere la ville & le fort de Tumbès, ou chercher une plage d'un abord plus facile, ou réduire, par un long ſiege, les défenſeurs de celle-ci aux plus dures extrêmités.

Le parti de former le ſiege parut le

plus

plus ſage & le plus glorieux : il réunit toutes les voix. Le Général lui ſeul, recueilli en lui-même, & profondément occupé, ſembloit encore irréſolu. Sa tête, long-temps appuyée ſur ſes deux mains, ſe releve avec majeſté, & des yeux parcourant lentement l'aſſemblée : « Caſtillans, dit-il, j'ai voulu vous » donner, par ma déférence, une marque » de mon eſtime. J'ai permis l'attaque » du fort; l'événement a démontré l'im» prudence de l'entrepriſe. Vous voulez » aſſiéger ces murs, vous le voulez, & » j'y conſens encore. Mais chez des » Peuples qui, ſans nous, & loin de » nous, vivoient paiſibles, ſur des bords » où, quoi qu'on en diſe, nous portons » une guerre injuſte, ne vous attendez » pas que je faſſe éprouver à une ville » entiere les dernieres extrêmités de la » diſette & de la faim. Je veux bien les » leur faire craindre; mais ſi ce Peuple » a le courage de les attendre, je n'aurai » pas la barbarie de les lui faire ſouffrir.

» Lorſque dans un combat je riſque & » je défends mes jours & ceux de mes » amis, le danger auquel je m'expoſe » compenſe le mal que je fais ; & je » puis me le pardonner. Mais ſans péril » être inhumain ! mais voir languir de» vant ſes yeux une multitude affamée, » l'enfant ſur le ſein de ſa mere, le » vieillard dans les bras de ſon fils expi» rant ! Les voir ſe déchirer, les voir » ſe dévorer entre eux, dans les accès » de la douleur, de la rage & du dé» ſeſpoir ! Je ne m'y réſoudrai jamais ; » je vous en avertis. Juſques-là, je ferai » tout ce que la guerre autoriſe ».

NOTE.

(*a*) L'ACCUEIL *plein d'humanité*]. L'hiſtoire attribue ici au peuple de Tumbès une trahiſon ſans vraiſemblance. *Il immola*, dit-on, *à ſes idoles trois Eſpagnols qui s'étoient confiés à lui.* Le Peuple de Tumbès n'avoit plus d'idoles. Il n'adoroit que le Soleil; & on ne faiſoit point au Soleil des ſacrifices de ſang humain. Cette abſurde imputation eſt encore plus démentie par les mœurs de ce Peuple, par ſa candeur & ſa bonté.

CHAPITRE XLVI.

CE que Pizarre avoit prévu ne tarda point à arriver. Le trésor des moissons étoit déposé dans les villages; la disette fut dans les murs. Il falloit, pour faciliter les secours du dehors, attaquer & forcer les lignes. Orozimbo voulut commander ces sorties; & ni sa sœur ni son ami ne voulurent l'abandonner.

Les Espagnols, trop affoiblis par l'étendue de leur enceinte, surpris, attaqués dans la nuit, avoient d'abord cédé au nombre. La premiere sortie avoit, pour quelques jours, rendu la vie aux assiégés; mais la seconde fut fatale aux Héros Mexicains: l'un & l'autre y perdirent ce qu'ils avoient de plus cher au monde.

L'attaque avoit été si vive, que les lignes forcées, le secours introduit, les Indiens se retiroient sans être poursuivis. Ce fut dans cette retraite qu'Amazili crut voir, à l'incertaine clarté de l'aſtre de la nuit, un jeune Indien ſe débattre entre deux ſoldats Eſpagnols. Ils l'avoient pris ; ils l'entraînoient. Télaſco n'eſt pas avec elle, & ce jeune homme lui reſſemble. Elle approche. C'eſt lui. Éperdue, elle crie au ſecours ; on ne l'entend point. Il n'a qu'elle pour ſa défenſe. Il faut le ſauver ou périr. Elle tend ſon arc. Mais va-t-elle percer le ſein d'un ennemi ? percer le cœur de ſon amant ? Son œil eſt sûr, mais ſa main tremble ; & la crainte ajoute au danger. Deux fois elle viſe, & deux fois ſon amant ſe préſente devant la fleche qui va partir. Un friſſon mortel la ſaiſit ; ſes genoux chancelans fléchiſſent ; ſon arc va lui tomber des mains ; il ne lui reſte plus que la force de le détendre. La nature & l'amour font pour elle un de ces efforts réſervés aux périls extrêmes. Elle ſaiſit le moment où l'un des deux Eſpagnols ſert de bouclier au Mexicain ; le trait part ; le ſoldat bleſſé tombe ; le bras de Télaſco, le bras qui tient la hache eſt dégagé ; l'autre ennemi en éprouve l'effort terrible ; & délivré comme par un prodige, Télaſco va rejoindre ſes compagnons, qui rentrent dans les murs.... Que fais-tu, malheureux ? Tu laiſſes ton amante au pouvoir de tes ennemis.

A peine la fleche eſt partie, à peine Amazili a pu voir ſon amant ſe dégager & s'enfuir, elle n'a plus la force de le ſuivre. Cette frayeur de réflexion qui ſuit les grands périls, & qui reſte dans l'ame, lorſque le péril eſt paſſé, s'eſt emparée de ſon cœur épuiſé de courage, & l'a ſaiſi ſi violemment, qu'une défaillance mortelle l'a fait tomber évanouie. Elle ne ſe ranime, elle n'ouvre les yeux que pour ſe voir environnée de ſoldats Caſtillans, que le bruit de l'attaque a fait accourir dans ce lieu. Ils la trouvent ſans mouvement ; ils en ſont émus ; ils s'empreſſent de la rappeller à la vie. Sa beauté, en ſe ranimant, leur imprime un tendre reſpect. Cœurs féroces ! du moins la beauté vous déſarme : c'eſt un droit que ſur vous encore la nature n'a point perdu.

Le jeune & valeureux Mendoce, monté ſur un courſier ſuperbe, rencontre, au milieu des ſoldats, cette jeune guerriere; il en eſt ébloui. Le panache de plumes dont elle eſt couronnée, ſon carquois d'or ſuſpendu à une chaîne d'émeraudes, riche préſent d'Ataliba, le tiſſu dont ſa taille eſt ceinte, & qui preſſe au-deſſus des flancs les plis de ſa robe flottante, mais ſur-tout la noble fierté de ſon air & de ſon maintien, la trahit, & annonce une illuſtre origine.

« Jeune beauté, lui dit Mendoce, » quel malheur, ou quelle imprudence » vous fait tomber entre nos mains ? » – La vengeance & l'amour, dit-elle, » les deux paſſions de mon cœur. – Êtes- » vous la fille, ou l'épouſe du Roi de » Tumbès ? – Non, dit-elle : je ſuis née en » d'autres climats. Ces murs ont été mon » refuge. La liberté, qui m'eſt ravie,

» étoit mon unique bien. — Il vous ſera » rendu, lui dit Mendoce ; daignez vous » confier à moi » ; & l'ayant fait aſſeoir ſur la croupe de ſon courſier, il la mene au camp de Pizarre.

Le jour répandoit ſa lumiere ; & Pizarre au milieu du camp, ſe faiſoit inſtruire des événemens de la nuit. Mendoce arrive, & lui préſente la jeune Indienne captive. Le Héros la reçoit avec cette bonté noble, modeſte & conſolante qu'on doit à l'infortune, & que l'on a toujours pour la foibleſſe & l'innocence, protégées par la beauté.

Mais le malheur qui pourſuivoit Amazili, voulut qu'elle fût reconnue par le jeune Fernand Pizarre, qu'elle avoit vu dans le fort de Tumbès. « Ah ! mon » frere ! s'écria-t-il, c'eſt elle-même, » c'eſt la ſœur de ce vaillant Cacique, » de ce généreux Mexicain qui m'a ſauvé » la vie, & m'a rendu la liberté. Acquit» tez-moi, je vous conjure ». Pizarre alloit la renvoyer ; mais le plus grand nombre des Eſpagnols en firent éclater leurs plaintes. Étoit-ce avec des Mexicains qu'il falloit ſe piquer de frivoles égards, & de ménagemens timides ? Un Eſpagnol eſpéroit-il s'en faire des amis ? Il avoit dans ſes mains le sûr moyen, le ſeul peut-être de les obliger à ſe rendre ; & il le laiſſoit échapper ! Aimoit-il mieux voir deux cents hommes qui s'étoient confiés à lui, manquant de tout ſur ce rivage, & n'ayant pas même un aſyle, périr autour de ces remparts, ou de fatigue ou de miſere, ou par les fleches des Sauvages ? Vouloit-il les ſacrifier ?

Le Général eût mépriſé ces plaintes, ſi l'échange des deux captifs ne l'eût pas touché de ſi près. Mais un intérêt perſonnel eût rendu odieux ce qui n'étoit que juſte ; & il voulut ſe mettre au-deſſus du ſoupçon. Il fit donc appeller Valverde, le ſeul homme qui, par état, pût être chargé décemment de la garde de ſa captive ; il la lui confia, & lui remit le ſoin de la mener ſur le vaiſſeau.

Le même jour il fit ſavoir au Commandant du fort, que ſa ſœur étoit priſonniere ; qu'il lui avoit donné ſon vaiſſeau pour aſyle ; que tous les égards, tous les ſoins qui pouvoient adoucir le ſort d'une captive, il les auroit pour elle ; mais qu'un devoir encore plus ſaint que la reconnoiſſance lui défendoit de la lui rendre, à moins que renonçant lui-même à une réſiſtance inutilement obſtinée, il ne le reçût dans le fort.

Dès que les Héros Mexicains s'étoient apperçus de l'abſence d'Amazili, ils en avoient pouſſé des cris de douleur & de rage. Ils la cherchoient des yeux ; ils l'appelloient ; ils parcouroient toute l'enceinte du rempart qui les ſéparoit d'elle, prêts à s'en élancer, à travers mille morts, s'ils avoient entendu ſes cris. L'un d'eux, & s'étoit ſon amant, oſa même ſortir du fort, & la chercher dans la campagne. Enfin déſeſpérés, & la croyant perdue, ils la pleuroient enſemble, lorſque l'envoyé de Pizarre leur annonça qu'elle vivoit. Leur premier mouvement fut donné à la joie; mais cette joie étoit trompeuse : la douleur la suivit de près.

Amazili dans l'esclavage, & au pouvoir des Espagnols, sans qu'il fût possible de la délivrer, à moins de leur rendre les armes ! C'étoit un genre de malheur aussi cruel que celui de sa mort. Mais l'indignation, dans le cœur d'Orozimbo, ayant ranimé le courage, il répondit avec fierté, que sa sœur lui étoit bien chere, mais que pour elle il ne trahiroit pas un Roi, son bienfaiteur, son hôte & son ami; qu'il rendoit grace au Chef des Castillans des ménagemens qu'il avoit pour une Princesse captive; mais qu'en lui renvoyant son frere, il croyoit lui avoir donné un exemple plus généreux.

Lorsque Pizarre entendit la réponse d'Orozimbo, il regarda d'un œil sévere les Castillans qui l'entouroient. « Voyez-» vous, leur dit-il, combien ces hommes-» là sont au-dessus de nous, & combien, » auprès d'eux, nous sommes vils, méchans

» & lâches ? Apprenons à rougir, & à » les imiter ». Dès ce moment, il résolut de renvoyer Amazili, & de charger Fernand lui-même de la ramener à son frere. Le jour baissoit; il crut pouvoir différer jusqu'au lendemain.

Cependant le fourbe hypocrite à qui elle étoit confiée, l'ayant menée sur le vaisseau, & s'y voyant seul avec elle, sentit s'allumer dans ses veines le plus noir poison de l'amour. Il s'approche d'elle, & d'abord il feint de vouloir la consoler. « Ma fille, lui dit-il, modérez » vos douleurs. Le ciel veille sur vous; » & l'asyle qu'il vous procure, le gar- » dien qu'il vous choisit, sont des signes » de sa bonté. Sous cet habit simple & » modeste, savez-vous qui je suis, & » tout ce que je puis pour vous ? Je n'ai » point d'armes, mais je commande à » ceux qui sont armés. Je n'ai qu'à leur » dire de verser le sang; le sang sera » versé. Je n'ai qu'à dire au glaive de » s'arrêter; & le glaive s'arrêtera. Les

» Peuples, les armées, les Rois eux-mêmes, » tout eſt ſoumis à mes pareils ; & nous » dominons ſur les hommes comme ſur » de foibles enfans ».

Amazili, qui ſe ſouvenoit des Prêtres du Mexique, comprit que Valverde exerçoit ce miniſtere redoutable. « Vous êtes » donc, lui dit-elle, un des Interpretes » des Dieux ? – Des Dieux ! reprit Valverde ; ſachez qu'il n'en eſt qu'un : c'eſt » celui que je ſers. Tout tremble devant » lui ; & il m'a remis ſa puiſſance. Mon » eſprit eſt le ſien ; ma voix eſt ſon organe ; je parle, & c'eſt lui qu'on entend ; » c'eſt ſa volonté que j'annonce ; & ſa » volonté change quand & comme il me » plaît : car il m'écoute ; & ma priere » l'irrite, ou l'appaiſe à mon gré ».

« Veüillez donc, lui dit-elle, que » votre Dieu ſoit juſte, & qu'il ceſſe » enfin de pourſuivre des malheureux, » qui, ne l'ayant point connu, n'ont jamais pu l'offenſer ».

« Votre malheur, je l'avoue, eſt digne

» de pitié, lui dit Valverde; & sans un » prodige, vous ne pouvez guere sortir » du précipice où je vous vois. On sait » que vous êtes la sœur du guerrier qui » défend ces murs : on lui propose de se » rendre : votre rançon est à ce prix. S'il » vous aime assez pour souscrire à cette » indigne loi, vous serez réunis, mais » dans la honte & l'esclavage : je dis dans » la honte, ma fille; car il n'est plus qu'un » perfide & qu'un lâche, s'il trahit pour » vous son devoir ».

Amazili en l'écoutant, étoit tremblante & consternée. « Hé bien? reprit-il, croyez-» vous que s'il venoit du ciel un être bien-» faisant, qui vous ombrageant de ses » aîles, frappât vos ennemis de confu-» sion & de terreur, & vous enlevât de » leurs mains, il fallût dédaigner ses soins » & refuser son assistance? — Et quel sera, » demanda-t-elle, cet être secourable? — » Moi, répondit Valverde. — Ah! vous » serez pour nous, dit-elle, un Dieu libé-» rateur. — Il dépend de vous seule que

» je le sois, reprit le fourbe ; & c'est à » vous de m'y engager. – Hélas ! com» ment ? – Pensez au bienheureux mo» ment où ce frere si desiré, où cet » amant plus desiré encore, vous voyant » arriver, se précipiteroient dans vos bras. » – Je succomberois à ma joie. – Je le » crois. Je me peins cette bienheureuse » entrevue. Fille aimable, je crois vous » voir voler dans leur sein, les combler » de vos plus touchantes caresses ; je vois » vos charmes s'animer, & briller d'un » éclat céleste ; je vois votre cœur pal» piter, votre sein tressaillir ; je vois vos » yeux lancer les étincelles de la joie, » & bientôt répandre les larmes de la » plus douce volupté. Oui, je vous le » rendrai cet amant, cet heureux amant. » Goûtez d'avance les délices d'une réu» nion qui sera mon ouvrage, & laissez» m'en jouir moi-même, en vous faisant » l'illusion que je me fais. Croyez le voir, » qui vous appelle, qui vous voit, qui » fait éclater sa joie & son amour.

» Jetez-vous dans ſes bras, & partagez » l'égarement, l'ivreſſe, le délire où » vous le plongez ». A ces mots, les yeux enflammés, il s'élançoit. . . . . . Elle s'échappe, & portant la main ſur ſon arc, qu'elle arme d'une fleche : « Ar- » rête ! lui dit-elle, d'un air où l'indigna- » tion ſe mêle avec la frayeur ; arrête, » homme faux & cruel ! Je t'entends, je » vois à quel prix tu mets ton indigne » pitié. Je ſuis foible, je ſuis captive & » livrée à nos oppreſſeurs ; mais j'ai dans » ma foibleſſe une force qui me ſoutient. » Cette force, au-deſſus de celle des » tyrans, eſt un fier mépris de la mort ».

« Imprudente ! reprit Valverde, ne » vois-tu que la mort à craindre ? & un » éternel eſclavage ? & le malheur de ne » plus voir ce que tu as de plus cher au » monde ? & le malheur plus effroyable » encore d'avoir entraîné dans les fers » ton frere & ton amant ? . . . Tremble, » & tombe à genoux pour fléchir ma » colere ; ou ces transfuges d'un pays que » nous

» nous avons réduit en cendres, ton frere, » ton amant, toi-même, vous ſubirez à » votre tour le ſort que vos Rois ont » ſubi ».

« Va, lui dit-elle avec horreur; quand » je verrois là, ſous mes yeux, le braſier » de Guatimozin, j'aimerois mieux m'y » jeter vivante, qu'aux pieds d'un fourbe » que j'abhorre ». Et en parlant, elle tenoit ſon arc tendu pour le percer. Valverde, confondu, s'éloigne, plein de rage, mais ſans remords.

Abandonnée à elle-même, la malheureuſe ſe plongea dans l'abîme de ſa douleur. Se voir ſéparée à jamais de ſon frere & de ſon amant, ou les voir ſe livrer eux-mêmes aux meurtriers de leurs parens, aux deſtructeurs de leur patrie! Ils ne s'y réſoudroient jamais; & quand ils pourroient s'y réſoudre, en ſeroient-ils plus épargnés? On avoit appris à les craindre; on n'auroit garde de laiſſer au Mexique de ſi redoutables vengeurs.

Dans le ſilence de la nuit, ces réflexions,

animées par l'image de ſa patrie, qui s'offroit ſanglante à ſes yeux, l'agiterent ſi violemment, qu'elle auroit donné mille vies pour empêcher que, pour ſa délivrance, on ne ſubît la loi des Caſtillans.

Mais non, ce n'étoit pas ainſi qu'Orozimbo & Télaſco méditoient de la délivrer. Choiſir une nuit ſombre, ſortir de leurs remparts, attaquer le camp ennemi, périr enſemble, ou pénétrer juſqu'au vaiſſeau où Amazili étoit captive, & l'enlever; tel étoit le digne conſeil qu'ils avoient pris du déſeſpoir.

Tous deux brûloient d'impatience que le jour éclairât le port. Ils eſpéroient qu'Amazili paroîtroit ſur la poupe, où, du haut des remparts, ils auroient pu la reconnoître. Leur eſpoir ne fut pas trompé.

Amazili, l'ame encore pleine du trouble de la nuit, attendoit ſur la poupe que la clarté, qui commençoit à ſe répandre, fût plus vive; & cependant ſes yeux, à travers le mêlange des ombres & de la lumiere, se fatiguoient à découvrir le fort qui dominoit la mer. D'abord elle croit l'entrevoir; elle le voit enfin; & sur le mur elle découvre deux hommes que son cœur lui assure être son frere & son amant. « Ils me cherchent des » yeux, dit-elle; ils ne peuvent vivre » sans moi. Je les rendrai foibles & lâches, » perfides envers leur patrie, infideles en- » vers un Roi, leur bienfaiteur & leur » ami. Non, non, je ne mets point ce » funeste prix à ma vie; & si elle est pour » eux une honteuse chaîne, je saurai les » en délivrer ». Alors, pour fixer leurs regards, elle détache sa ceinture, & la fait voltiger dans l'air. L'un des deux, c'est son cher Télasco, répond à ce signal, en faisant voltiger de même le panache de plumes dont il ornoit sa tête; & lorsqu'elle est bien assurée que leurs yeux, attachés sur elle, observent tous ses mouvemens, elle tire une fleche de son carquois, leve le bras, & dit, mais sans espoir d'être entendue : « Adieu, mon

» frere, adieu, malheureux Télasco. Pleu-» rez-moi, sur-tout vengez-moi, vengez » le Mexique ». A ces mots, se perçant le sein, elle s'élance dans la mer.

« O ciel! ma sœur! Amazili! . . . » C'en est fait. Je l'ai vue se frapper, & » tomber. J'ai vu, s'écrie Orozimbo, » les flots s'ouvrir, se refermer sur elle. » Ma sœur, ma chere Amazili n'est plus. » Elle n'est plus! & nous vivons! & les » monstres qui l'ont réduite à se donner » la mort! . . . . Ah! nous la vengerons. » Mon frere! mon ami! Oui, nous la » vengerons. C'est notre derniere espé-» rance ». A ces mots, pâles, frémissans, étouffés de sanglots & inondés de larmes, ils s'embrassent l'un l'autre, ils se laissent tomber, ils se roulent sur la poussiere, & leur douleur s'exhale par des frémissemens qu'interrompt un affreux silence. Revenus à eux-mêmes, ils forment le projet de sortir, dès la nuit suivante, & de porter dans le camp ennemi l'effroi, le carnage & la mort. Hélas! vain projet!

La fortune, avant la fin du jour, eut tout changé ſur ce rivage.

On vit les Peuples des vallées d'Ica, de Piſco, d'Acari, accourir en foule au-devant des Eſpagnols, leur rendre hommage, & les engager à venir deſcendre au port de Rimac, ſur ces bords où, dans peu, s'éleva la ville des Rois. Cette révolution ſoudaine étoit l'ouvrage de Mango. Pizarre en profite avec joie : il ſe rembarque avec les ſiens ; & les Mexicains, déſolés de voir les Caſtillans ſe dérober à leur vengeance, reprennent triſtement le chemin des hautes montagnes, par les champs de Tumibamba.

CHAPITRE XLVII.

ATALIBA, qui, depuis sa victoire, avoit appris l'arrivée des Espagnols, laissoit reposer son armée sur les bords du fleuve Zamore; & alors, le Soleil, au tropique du nord, ayant atteint cette limite qu'une loi éternelle a marquée à sa course & que jamais il ne franchit, ce fut dans une vaste plaine & au milieu d'un camp nombreux que sa fête fut célébrée. Les Peuples y vinrent en foule; la Cour de l'Inca s'y rendit du palais de Riobamba, où ce Prince l'avoit laissée; la plus chérie de ses femmes, la belle & tendre Aciloé, y vint, les yeux encore baignés des larmes que le souvenir de son fils lui faisoit répandre, & que le temps ne pouvoit tarir. Cora, dont les malheurs avoient sensiblement touché cette Princesse, qui l'avoit admise à sa Cour, Cora l'accompagnoit. Elle revit

Alonzo, glorieuſe & charmée de porter dans ſon ſein le gage de leur tendre amour.

Toutes les fêtes du Soleil avoient un grand objet de morale publique. Celle-ci, la plus ſérieuſe & la plus impoſante, étoit la fête de la mort. Ce qui diſtinguoit cette fête de celles que l'on a décrites, c'étoit l'hymne qu'on y chantoit. Le Pontife, d'un air ſerein, & portant ſur le front une majeſtueuſe tranquillité, entonnoit cette hymne funebre; les Incas répondoient; le Peuple écoutoit en ſilence, & méditoit la mort.

« Homme deſtiné au travail, à la peine » & à la douleur, conſole-toi, car tu es » mortel. Le matin, tu te leves pour ſentir le beſoin; tu te couches le ſoir, laſſé, » abattu de fatigue. Conſole-toi, car la » mort t'attend, & dans ſon ſein eſt le » repos.

» Tu vois une barque agitée par la » tempête, gagner la rade paiſible, & » ſe ſauver dans le port. Cette mer, ſans

» cesse battue par la tourmente, c'est la » vie ; ce port tranquille & sûr, d'où » jamais les orages n'ont approché, c'est » le tombeau.

» Tu vois le timide enfant que sa mere » a laissé loin d'elle, pour lui faire essayer » ses forces. Il court à elle d'un pas chan- » celant, en lui tendant ses foibles bras ; » il arrive, il se précipite dans son sein ; » & il ne sent plus sa foiblesse. Cet en- » fant, c'est l'homme ; & cette mere » tendre, c'est la nature, qu'en ce mo- » ment le vulgaire appelle la mort.

» Homme fragile, pendant ta vie tu » es l'esclave de la nécessité, le jouet » des événemens. La mort brisera tes liens : » tu seras libre ; & il n'existera pour toi, » dans l'immensité, que toi-même, & le » Dieu qui t'a fait.

» Que ce Dieu, qui anime le monde, » laisse échapper un souffle ; c'est la vie. » Qu'il le retire ; c'est la mort. Qu'a » d'étonnant la vîtesse d'un souffle, qui » passe dans ton sein, comme le vent

» à travers le feuillage ? Le feuillage
» eſt-il étonné de n'avoir pu fixer le
» vent ?

» Tu as vu expirer ton ſemblable ;
» ſes convulſions t'ont fait peur ; & ces
» efforts de la douleur, au moment de
» lâcher ſa proie, tu les attribues à la
» mort. La mort eſt impaſſible ; & au
» bord de la tombe eſt une digue où
» s'accumulent les reſtes des maux de
» la vie ; mais au-delà, c'eſt un calme
» éternel.

» Ne trouves-tu pas que le temps eſt
» lent à s'écouler ? C'eſt que le temps
» amene la mort, & que la mort eſt le
» terme où tend la nature inquiete, &
» impatiente de la vie. Quel homme ne
» deſire pas d'être à demain ? C'eſt qu'au-
» jourd'hui c'eſt la vie, & que demain
» c'eſt la mort.

» La vieilleſſe qui dénoue tous les liens
» de l'ame, l'alternative inévitable de la
» caducité ou du trépas, la douceur du
» ſommeil, qui n'eſt que l'oubli de

» ſoi-même, l'ennui, ce ſentiment pénible
» d'une exiſtence froide & lente, tout
» nous diſpoſe, nous invite, & nous ha-
» bitue à la mort.

» Homme, d'où te vient donc cette
» répugnance pour un bien vers lequel
» tu es entraîné par une pente invincible?
» C'eſt que tu te crois plus ſage que la
» nature, meilleur que le Dieu qui t'a
» fait; c'eſt que tu prends pour un abîme
» les ténebres de l'avenir.

» Et qui voudroit ſouffrir la vie, ſi le
» paſſage étoit moins effrayant? La na-
» ture nous intimide afin de nous retenir.
» C'eſt un foſſé profond qu'elle a creuſé
» ſur les confins de la vie & de la mort,
» pour empêcher la déſertion.

» S'il étoit un Dieu aſſez inexorable
» pour vouloir déſeſpérer l'homme, il
» le condamneroit à ne jamais mourir.
» Le dégoût, la triſteſſe affligeroient ſon
» ame; & la néceſſité de vivre, ſem-
» blable à un rocher hériſſé de pointes
» aiguës, l'écraſeroit inceſſamment. Le

» ſigne de la réconciliation entre le ciel » & l'homme, c'eſt la mort.

» Il n'eſt qu'un ſeul moyen de rendre » la vie plus précieuſe que la mort » même : c'eſt de vivre pour ſa patrie, » fidele à ſon culte, à ſes loix, utile à » ſa proſpérité, digne de ſa reconnoiſ- » ſance ; & de pouvoir dire en mourant : » Je n'ai reſpiré que pour elle ; elle aura » mon dernier ſoupir ».

Ainſi chantoient les enfans du Soleil ; & ces chants, qui retentiſſoient dans l'ame des jeunes guerriers, les élevoient au-deſſus d'eux-mêmes. Mais les femmes & les enfans, regardant leurs époux, leurs peres, avec des yeux où la tendreſſe & la frayeur étoient peintes, ſembloient les conjurer d'aimer, ou du moins de ſouffrir la vie, & oppoſoient les mouvemens les plus naïfs de la nature à cet enthouſiaſme qui défioit la mort.

Le Monarque, après ce cantique, ayant fait, par tribus, l'éloge des braves

Indiens qui avoient péri pour sa défense:
« Nous avons pleuré sur les morts ; tout
» est consommé, reprit-il. Laissons le
» passé, qui n'est plus ; & ne pensons
» qu'à l'avenir, qui pour nous est un
» nouvel être. Des brigands, les fléaux
» des bords où ils descendent, viennent
» d'arriver à Tumbès. Je crois avoir mis
» cette ville en état de les occuper. Des
» Héros la défendent ; mais ce n'est point
» assez : demain je vole à son secours.
» Peuples, c'est là que nous appellent des
» dangers dignes d'éprouver le plus intré-
» pide courage. Vous allez voir des ani-
» maux rapides, porter l'homme dans les
» combats ; vous allez voir l'image du
» terrible Illapa (*) dans les armes de
» ces brigands. Ils ont su donner à la
» mort un appareil épouvantable. Mais
» ce n'est jamais que la mort ; & vous ve-
» nez d'entendre si la mort est à craindre.
» Du reste, ces brigands sont périssables

(*) La foudre.

» comme nous ; & ils ſont en ſi petit » nombre, que ſi vous les enveloppez, » ils ſeront, au milieu de vous, comme » les feuilles agitées par le tourbillon des » tempêtes. Voilà, pourſuivit-il, en leur » montrant Alonzo, celui qui ſait com- » ment on peut les vaincre ; c'eſt à lui » de vous commander ».

CHAPITRE XLVIII.

Ainsi parloit Ataliba ; & il inſpiroit ſon courage. Mais ſur la fin du jour il voit arriver dans ſon camp les guerriers Mexicains, qui lui racontent leur diſgrace. Ils lui apprennent que Mango, réduit au déſeſpoir, ſuppoſe, & fait répandre parmi les Indiens, un oracle du roi ſon pere (*), lequel, en mourant, a prédit l'arrivée des Caſtillans, & recommandé à ſes Peuples d'aller au-devant d'eux & de les adorer; que Mango, à l'appui de cette opinion, a lui-même donné l'exemple, & envoyé une ambaſſade au général des Caſtillans, pour implorer ſon aſſiſtance en faveur du Roi de Cuſco, contre l'uſurpateur du trône des Incas, l'exterminateur de leur race, l'oppreſſeur de l'Inca ſon frere, captif dans les murs de Cannare.

(*) Huaina Capac.

Les mêmes nouvelles arrivoient de tous côtés en même tems, & se répandoient dans l'armée; l'inquiétude & la frayeur s'emparoient de tous les esprits; quand le Cacique de Rimac vint remettre à l'Inca des lettres dont le Général Espagnol l'avoit chargé pour Alonzo. Pizarre, en lui envoyant la lettre de Las-Casas, lui écrivit lui-même en ces mots :

« Mon cher Molina, si vous aimez votre » patrie, voici le moment de lui épargner » des crimes. Si vous aimez les Indiens, » voici le moment de leur épargner des » malheurs. Vous n'avez pas connu l'ami » que vous avez abandonné. Ce qui vous » affligeoit, m'affligeoit encore plus moi-» même. Mais sans titres & sans pouvoir » pour me faire obéir & craindre, je » dissimulois malgré moi ce que je ne » pouvois punir. J'ai fait depuis un voyage » en Espagne. J'en arrive enfin revêtu de » toute la puissance de notre invincible » Monarque. Ce jeune Prince aime les » hommes. Il veut qu'on use d'indulgence

» & de ménagement envers les Indiens.
» Il m'a recommandé pour eux les ſoins
» & la bonté d'un pere. Heureux, ſi je
» remplis ſes vues ! Soyez bien ſûr que
» mon penchant eſt d'accord avec mon
» devoir. Mais vous ſavez combien l'au-
» torité commiſe s'affoiblit dans l'éloigne-
» ment, & avec quelle précaution je
» dois en uſer ſur des hommes violens
» & déterminés. Dans le nombre il en
» eſt dont l'ame eſt déſintéreſſée, le cœur
» ſenſible & généreux ; il eſt aiſé de les
» conduire. Mais la foule eſt aveugle,
» inquiete, & ſur tout avide ; & c'eſt
» elle, je vous l'avoue, que je crains de
» voir m'échapper. Mon ami, je n'en ré-
» ponds plus, ſi les hoſtilités l'irritent. Un
» doux accueil de la part de vos Peuples,
» eſt le ſeul moyen d'établir la concorde
» & l'intelligence. C'eſt à vous de me
» ſeconder, en y diſpoſant les eſprits.
» Je vois la moitié de l'Empire empreſſée à
» s'unir à moi. J'ai plus de force qu'il n'en
» falloit pour répandre ici le ravage ; mais
» ſans

» ſans vos bons offices, je n'en ai pas » aſſez pour maintenir l'ordre & la paix. » Je marche vers Caſſamalca, où l'Inca » de Quito a, dit-on, raſſemblé ſes forces. » On lui impute bien des crimes; mais » ſeriez-vous l'ami d'un tyran? Je ne le » puis penſer; & votre eſtime eſt ſon apo- » logie. Venez au-devant de moi. Nous » nous concerterons enſemble pour con- » quérir ſans opprimer.

» Las-Caſas, votre ami, & je puis dire » auſſi le mien, le vertueux Las-Caſas, » que j'ai laiſſé mourant à l'île Eſpagnole, » a voulu vous écrire. Je vous envoie ſa » lettre. Je crains bien, mon cher Alonzo, » que ce ne ſoit un dernier adieu ».

La douleur dont Alonzo avoit été ſaiſi en liſant ces mots, redoubla, lorſqu'il jeta les yeux ſur la lettre de Las-Caſas.

« Si vous vivez, mon cher Alonzo, » ſi vous êtes encore parmi nos Indiens, » & ſi Pizarre vous retrouve ſur les bords » où il va deſcendre, recevez de ſa main » ce tendre & dernier gage d'une ſainte

» amitié. Je ſuis mourant. Je n'ai vécu » que pour gémir. Dieu a permis que, » dans le court eſpace de ma vie, j'aie » vu ſous mes yeux tous les crimes & » tous les malheurs raſſemblés. Quel re» gret puis-je avoir au monde ?

» Je vous ai confié mes craintes ſur » l'entrepriſe de Pizarre. Elles viennent » d'être calmées par les vertus de ce » Héros. Oui, mon ami, le ciel a tou» ché ſa grande ame. Pizarre penſe comme » nous. Il ſent qu'il eſt plus beau d'être » le protecteur & le pere des Indiens, » que leur vainqueur & leur tyran. Uniſ» ſez-vous à lui, pour lui concilier leur » eſtime & leur bienveillance : il en eſt » digne comme vous. Adieu. Je crois ſen» tir que mon heure approche. Demain » peut-être je ſerai devant le trône de » mon juge ; & s'il m'eſt permis d'implo» rer ſa clémence, ce ſera pour ces Eſpa» gnols qui l'adorent & qui l'outragent ; » ce ſera pour ces Indiens égarés dans l'er» reur, mais ſimples, doux & bienfaiſans,

» qu'il a créés, qu'il aime, & qu'il ne » veut pas rendre éternellement malheu» reux. Protégez-les, voyez en eux mes » plus chers amis, après vous, que j'ai» merai au-delà du tombeau ».

Cette lettre fut arrofée des larmes de l'amitié. Alonzo la baifa cent fois avec un faint refpect. Ataliba ne put l'entendre fans partager l'émotion, l'attendriffement du jeune homme. « Quel eft donc, lui » demanda-t-il, ce Las-Cafas, cet » homme jufte ? — Ah! dit Alonzo, de» mandez à ce Cacique & à fon Peuple ». Ce Cacique étoit Capana. Il avoit entendu la lettre de Las-Cafas ; & appuyé fur fa maffue, fes yeux baiffés fondoient en pleurs. « Ce n'eft pas un homme, » dit-il ; c'eft un être célefte envoyé de » fon Dieu, pour adoucir les tigres, & » pour confoler les hommes. Nous l'au» rions adoré, s'il nous l'avoit permis ».

Ce témoignage, mais fur-tout celui d'Alonzo, l'emporta fur les impreffions terribles que l'exemple de Montezume

& tous les malheurs du Mexique avoient pu faire ſur l'ame d'Ataliba. « Je m'abandonne à vous, dit-il à ſon fidele Alonzo. » Allez au-devant de Pizarre ; aſſurez-vous de ſes intentions ; & s'il eſt tel qu'on vous l'annonce, répondez-lui de la droiture & de la bonne foi d'un Prince votre ami, qui deſire d'être le ſien ».

Des Indiens chargés des plus magnifiques préſens formoient le cortege d'Alonzo ; & ces richeſſes (*a*) diſpoſerent favorablement les eſprits. Mais telle étoit la ſoif de l'or qui dévoroit les Caſtillans, que ce qui auroit dû l'appaiſer, l'irritoit, au lieu de l'éteindre.

La conférence de Pizarre avec Alonzo, fut l'épanchement de deux cœurs pleins de nobleſſe & de franchiſe. Des deux côtés l'état des choſes fut expoſé avec candeur. Pizarre ne vit dans l'Inca de Cuſco qu'un excès d'orgueil ſans prudence, & dans Ataliba que la noble fierté d'un cœur ſenſible & généreux. De ſon côté, Alonzo reconnut le danger d'irriter dans les Castillans cette soif de l'or & du sang, qui n'étoit jamais qu'assoupie, & qu'un fanatisme barbare ne demandoit qu'à rallumer. Il fut réglé que Molina précéderoit Pizarre dans les champs de Cassamalca; que le Général Espagnol s'avanceroit avec ses deux cens hommes, & qu'il laisseroit en arriere les Indiens de son parti. Également sûrs l'un & l'autre de leur bonne foi mutuelle, ils s'embrasserent; & Alonzo retourna au camp indien.

Le Roi de Quito l'attendoit dans le trouble & l'impatience. Mais il fut bientôt rassuré; & il assembla ses guerriers, pour leur faire part de sa joie. Les Péruviens se réjouirent; mais les Mexicains, d'un air sombre & l'œil attaché à la terre, écoutoient en silence les paroles de paix qu'apportoit Alonzo. Leur Chef, qui croyoit voir tomber l'Inca dans un piege funeste, voulut l'en garantir. « Hé quoi, » Prince, lui dit-il, as-tu donc oublié le » sort de Montezume & celui du Mexique?

» Tu abandonnes ton pays à ces mêmes » brigands qui ont déſolé le nôtre, & » qui l'ont inondé de ſang! Tu te livres » aux mains qui ont enchaîné nos Rois, » qui les ont fait brûler vivans! Ah! que » notre exemple t'éclaire & t'épouvante! » Trop averti par nos malheurs, ſois » ſage à nos dépens. Ne vois-tu pas ici » le même enchaînement dans les cauſes » de ta ruine, que dans celles de notre » perte? Notre empire étoit diviſé; » celui-ci l'eſt de même. Un oracle men» teur nous faiſoit une loi honteuſe de flé» chir devant nos tyrans; un même oracle » vous l'ordonne. Notre Roi, ſéduit & » trompé par des apparences de paix, de » bonne foi, de bienveillance, ſe perdit, » & perdit ſes Peuples; & toi, malheu» reux Prince, tu veux te livrer comme » lui! Ah! ſi Montezume avoit eu cette » ame ferme & courageuſe que tu nous as » fait voir, il auroit ſauvé le Mexique. » Pourquoi donc te laiſſer abattre, & te » préſenter ſous le joug? Es-tu ſans eſpoir,

» sans ressource ? Éloigne-toi. Laisse Palmore à la tête de ton armée. Qu'il fasse tête aux Indiens. Ces Caciques & moi, avec nos deux mille hommes, nous chargerons les Castillans ; & nous prendrons le chemin le plus court de la vengeance ou de la mort ».

Alonzo crut devoir répondre. « Inca, dit-il, le caractere de ma nation est d'être fiere & brave. Ce n'est un mal que pour ses ennemis. Sa passion est la soif de l'or ; & tu peux l'assouvir sans peine. Le reste est personnel : le vice & la vertu naissent dans les mêmes climats : le Peuple, qui en est un mélange, devient méchant ou bon, suivant l'exemple qu'on lui donne. Son ame est celle du brigand, ou du Héros qui le conduit. Cortès a détruit sa conquête & déshonoré ses exploits. Pizarre, plus humain, plus sincere, plus généreux, peut vouloir ménager, rendre heureux & paisible le monde qu'il aura soumis, & se faire une renommée sans

» reproches & ſans remords. Pizarre eſt
» Eſpagnol; mais ne le ſuis-je pas moi-
» même? Me connois-tu fourbe, avide &
» féroce? Non, tu me crois ſincere &
» bienfaiſant. Pourquoi donc ne croirois-tu
» pas qu'au moins Pizarre me reſſemble?
» Tu répondrois de moi; je réponds de lui;
» & j'en réponds ſur la foi de Las-Caſas,
» ſur la foi de cet Eſpagnol, le plus vrai, le
» plus vertueux, le plus ſenſible des mor-
» tels, & ſur-tout le meilleur ami que
» les Indiens aient au monde. Celui-là ne
» peut me tromper; mais il peut ſe trom-
» per lui-même; on peut lui en avoir
» impoſé. Sois donc prudent, ſans être
» injuſte. Tends les mains à la paix, ſans
» toutefois quitter les armes; &, au mi-
» lieu d'un camp nombreux, oſe recevoir
» deux cens hommes qui ſe préſentent en
» amis ».

L'Inca, plein de la confiance que lui inſpiroit Alonzo, n'eût pas même voulu ſonger à ſe mettre en défenſe. Alonzo prit ſoin d'y pourvoir. Il lui fit un cortege de huit mille Indiens d'une valeur reconnue. A l'aîle droite & en avant des tentes de l'Inca, il établit les Mexicains, avec la même troupe qu'ils avoient commandée. Les Sauvages de Capana formoient l'aîle opposée ; & Palmore, avec son armée, occupoit le centre, & formoit une enceinte autour du trône de son Roi. « Prince, je fais des vœux au ciel, dit » le jeune homme, pour que la bonne » foi préside à cette conférence, & » forme, entre Pizarre & toi, les nœuds » d'une solide paix. Si je suis trompé dans » mes vœux, si je le suis dans mon at- » tente, je verserai pour toi mon sang. » C'est tout ce que je puis. Je n'ai rien » donné au hasard ; je ne me reprocherai » rien ».

NOTE.

(a) *Et ces richesses*]. Ce fut là que les Indiens s'étant apperçus que les chevaux rongeoient leurs mors, crurent qu'ils mangeoient les métaux ; & dans cette persuasion, qu'on n'avoit garde de détruire, ils s'empressoient de mettre devant ces animaux des vases remplis de grains d'or.

CHAPITRE XLIX.

LA nuit vint ; elle ſuſpendit ce flux & ce reflux de craintes & d'eſpérances qu'une incertitude pénible & des preſſentimens confus faiſoient naître dans les eſprits. Mais ces mouvemens, appaiſés par le ſommeil, ſe renouvellerent, lorſqu'aux premiers rayons du jour, on vit de loin la troupe de Pizarre qui s'avançoit, & qu'il étoit aiſé de reconnoître au brillant éclat de ſes armes. Elle approche ; le Roi l'attend, élevé ſur ſon trône d'or que ſoutiennent douze Caciques. Les Eſpagnols, déployés ſur deux lignes, dont la cavalerie occupe les aîles, ayant à leur tête Pizarre, & vingt guerriers qui, comme lui, montent des courſiers belliqueux, s'avancent, d'un pas fier & grave, à la portée du javelot. Pizarre alors commande qu'on s'arrête ; & accompagné de Valverde & de ſix de ſes

Lieutenans, il se présente, avec une noble assurance, devant le trône de l'Inca.

On fait silence; & du haut d'un coursier qui l'éleve au niveau du trône, le Héros Castillan parle au Roi en ces mots: « Grand Prince, tu sais qui nous » sommes. Et plût au ciel que le nom » Espagnol fût moins fameux dans ce » Nouveau Monde, puisqu'il ne doit sa » renommée qu'à d'horribles calamités! » Mais le reproche & la honte du crime » ne doit tomber que sur le criminel; & » si la renommée l'a étendu sur l'inno- » cent, elle est injuste; & tu ne dois » pas l'être. Si j'en croyois tes ennemis, » je te regarderois comme le plus bar- » bare des tyrans. Mais tes amis m'ont » répondu de ton équité; je les crois. » Traite-nous de même; ou du moins, » avant de nous juger, commence à nous » connoître, & ne fais pas retomber sur » nous les maux que nous n'avons pas » faits.

» Lorſque les Incas tes aïeux ont fondé » cet Empire, & rangé ſous leurs loix » les Peuples de ce continent, ils leur » ont dit : Nous vous apportons un culte, » des arts & des loix, qui vous rendront » meilleurs & plus heureux. Voilà le titre » de leur conquête. Ce titre eſt le mien ; » & comme eux je m'annonce par des » bienfaits. Je n'aurai pas de peine à te » perſuader que nous ſommes ſupérieurs, » par l'induſtrie & les lumieres, à tous » les Peuples de ce Monde. Ce ſont les » fruits de trois mille ans de travaux & » d'expérience, dont nous venons vous » enrichir. Dans vos loix, je ne change- » rai que ce que tu croiras toi-même » utile d'y changer, pour le bien de tes » Peuples ; & ces loix, & l'autorité qui » en eſt l'appui, reſteront dans tes mains : » tes Peuples n'auront pas le malheur de » perdre un bon Roi. Protégé par le » mien, tu ſeras ſon ami, ſon allié, ſon » tributaire ; & ce tribut, léger pour toi, » n'eſt que le partage d'un bien que vous

» prodigue la nature, & qu'elle nous a » refusé. En échange de l'or, nous vous » apportons le fer, présent inestimable, » & pour vous mille fois plus utile & » plus précieux. Nos fruits, nos moissons, » nos troupeaux, ces richesses de nos » climats; des animaux, les uns délicieux » au goût, servant de nourriture à » l'homme, les autres à la fois robustes » & dociles, faits pour partager ses tra» vaux; les productions de nos arts qui » font le charme de la vie, des secrets » pour aider nos sens, & pour multiplier » nos forces, des secrets pour guérir ou » pour soulager nos maux; mille larcins » que l'homme industrieux a faits à la na» ture, mille découvertes nouvelles pour » subvenir à ses besoins, pour ajouter à » ses plaisirs : voilà ce que je te promets, » en échange de ce métal, de cette pous» siere brillante, dont vous êtes assez heu» reux pour ne pas sentir le besoin. Inca, » tel est l'accord paisible, & le commerce » mutuel, que mon maître Charles

» d'Autriche, puiſſant Monarque d'Orient, » m'a chargé de t'offrir ».

Ataliba, le cœur rempli de joie & de reconnoiſſance, répondit à Pizarre qu'il juſtifioit bien l'opinion qu'on lui avoit donnée de ſa droiture & de ſa généroſité ; qu'à tout ce qu'il lui propoſoit, il ne voyoit rien que de juſte ; que les montagnes où germoit l'or ſeroient ouvertes aux Caſtillans ; & qu'il ne croiroit pas aſſez payer encore l'amitié d'un Peuple éclairé, qui lui apportoit ſes lumieres, & l'alliance d'un grand Roi.

« La plus ſublime de nos lumieres, » reprit le Héros Caſtillan, c'eſt la con» noiſſance d'un Dieu, dont la terre, le » ciel, le ſoleil même ſont l'ouvrage. » Inca, ne t'en offenſe point : ce bel aſtre, » dont tes aïeux ſe diſoient les enfans, » eſt ſans doute la plus frappante des » merveilles de la nature ; mais il eſt lui» même ſorti des mains de l'Être Créa» teur ; & il ne fait que lui obéir, en » donnant ſa lumiere au monde. C'eſt

» donc ce Dieu, qui, d'un coup-d'œil, » a prescrit au soleil sa course, à la mer » ses limites, son repos à la terre, aux » cieux leurs révolutions, à la nature en- » tiere ses mouvemens divers, son ordre, » ses loix éternelles, c'est lui seul qu'il » faut adorer ».

« Le Dieu que tu m'annonces, lui » répondit l'Inca, ne nous étoit pas in- » connu : il a un temple parmi nous : ce » temple est dédié à celui qui anime le » monde (*). Mais pourquoi cet être » sublime ne seroit-il pas le Soleil ? Cet » éclat, cette majesté sont, je crois, » bien dignes de lui ».

« Inca, lui demanda Pizarre, si, d'une » extrêmité de ton empire à l'autre, je » voyois, tous les ans, un voyageur aller » & revenir, sans jamais rallentir sa » course, sans se reposer un moment, » sans jamais s'écarter d'un pas, le pren- » drois-je pour le Roi du pays, ou pour

(*) Pacha Camac.

« un

» un de ſes meſſagers ? Le Dieu de l'uni-
» vers n'a point d'heure preſcrite, ni
» d'eſpace déterminé ; il eſt ſans ceſſe &
» par-tout préſent. Celui qu'obſcurcit un
» nuage, & qui ne ſauroit éclairer une
» moitié du globe, ſans laiſſer l'autre
» dans la nuit, n'eſt point le Dieu de
» l'univers. Autrefois, m'a-t-on dit, tes
» Peuples adoroient la mer, les fleuves,
» les montagnes. Tout cela, comme le
» ſoleil, tient ſa place dans la nature ;
» mais tout cela ne fait qu'obéir & ſervir.
» Adorons celui qui commande ; & pour
» en avoir une idée, infiniment trop foible
» encore, écoute ce que nos Sages nous
» ont depuis peu révélé. Ces hommes,
» exercés à voir ce qui ſe paſſe dans les
» cieux, ſont tous perſuadés que le monde
» où nous ſommes n'eſt pas le ſeul monde
» habité ; qu'il en eſt mille dans l'eſpace ;
» & que chacune des étoiles eſt un ſoleil
» plus éloigné de nous, fait pour éclai-
» rer d'autres mondes. Laiſſe aller ta
» penſée dans cette immenſité, & vois

» ces ſoleils & ces mondes tous ſoumis » à la même loi. Celui qui les gouverne » tous, à qui tous obéiſſent, eſt le Dieu » que j'adore. Juge combien ce Dieu eſt » encore au-deſſus du tien ».

« Tu me confonds, mais tu m'éclaires, » dit l'Inca. Je commence à croire qu'on » avoit trompé mes aïeux. Dis-moi ſeu- » lement ſi ton Dieu eſt juſte & bon, & » ſi ſa loi fait à l'homme un devoir de » l'être? — Il eſt, lui répondit Pizarre, » la juſtice & la bonté même; & l'unique » devoir de l'homme eſt de lui reſſem- » bler. — Je ne te demande plus rien, » reprit l'Inca. Viens nous inſtruire, nous » éclairer de ta raiſon, nous enrichir de » ta ſageſſe; & ſois ſûr de trouver des » cœurs dociles & reconnoiſſans ».

Ainſi tout ſembloit s'applanir, lorſque le fourbe & fougueux Valverde demande à parler à ſon tour. « Oui, Prince, dit-il » à l'Inca, ce que tu viens d'entendre eſt » vrai, mais d'une vérité ſenſible. Il s'a- » git à préſent d'oublier ta propre raiſon,

» ou de l'humilier ſous le joug de la Foi.
» Voici ce que la Foi t'enſeigne ». Alors l'imprudent (*a*) s'enfonça dans la profonde obſcurité de nos redoutables myſteres, au nombre deſquels il comprit l'autorité d'un homme prépoſé par Dieu même pour commander aux Rois, dominer ſur les Peuples, diſpoſer des couronnes, comme de tous les biens des Souverains & des Sujets, & faire exterminer tous ceux qui ne lui ſeroient pas ſoumis.

Le Monarque Péruvien, étonné d'un langage ſi étrange pour lui, demande avec douceur à celui qui vient de parler, où il a pris toutes ces choſes. « Dans
» ce livre, répond Valverde, d'un ton
» plein d'arrogance, dans ce livre inſ-
» piré, dicté par l'Eſprit Saint lui-même ».
L'Inca, ſans s'émouvoir, prit dans ſes mains le livre, & après y avoir jeté les yeux : « Tout ce que Pizarre m'annonce,
» je le conçois, dit-il ; je le croirai ſans
» nulle peine. Mais ce que tu me dis, je

» ne saurois le concevoir ; & ce livre, » muet pour moi, ne m'en instruit pas » davantage ». Il ajouta, dit-on, quelques mots offensans (*b*) pour cet homme qui s'arrogeoit le droit de commander aux Rois, & de disposer des Empires ; & soit mépris ou négligence, en rendant le livre à Valverde, il le laissa tomber.

Il n'en fallut pas davantage. Le Prêtre fanatique, transporté de fureur, se tourne vers les Espagnols, & se met à crier vengeance pour la Religion, que ce barbare foule aux pieds (*c*).

A l'instant, par un feu rapide & meurtrier, l'arquebuse annonce la guerre, & donne le signal du plus noir des forfaits. Le bataillon s'ouvre ; & du centre, l'airain gronde & vomit la mort. Au bruit de ces volcans d'airain, qui s'embrâsent & qui mugissent, au massacre imprévu que d'invisibles coups font devant le trône du Roi, il se trouble ; il voit à ses pieds sa garde éperdue & tremblante, se serrer pour toute défense, & périr sous ses yeux, comme un troupeau timide, au milieu duquel le feu dévorant de la foudre seroit tombé. L'Inca leur avoit défendu toute espece d'hostilité ; & ils observoient sa défense. Alonzo, furieux, les presse de le suivre, & de fondre en désespérés sur cette troupe d'assassins. « Vengez-» vous, vengez-moi des traîtres qui » déshonorent ma patrie. Défendez, » sauvez votre Roi ». Le vaillant jeune homme, à ces mots, se sent blessé ; il tombe. L'Inca le voit tomber, & pousse des cris lamentables.

« C'est à nous, dit Orozimbo, d'ex-» terminer ces monstres. Suivez-moi, » mes amis, & emparons-nous de leurs » foudres ». Il dit, & à la tête des Princes de son sang & de ses deux mille Indiens, il marche, sans détour, vers ces bouches brûlantes qui tonnent devant lui ; il ne les entend point. Ses amis écrasés l'inondent de leur sang ; les lambeaux de leur chair, les débris de leurs os tombent sur lui de toutes parts ; sa fureur l'aveugle &

l'emporte. Télaſco lui reſte, & le ſuit. Amis infortunés ! ils vont tête baiſſée ſe jeter ſur la batterie ; une exploſion formidable les met en poudre ; ils diſparoiſſent dans un tourbillon de fumée ; & de leur brave & malheureuſe troupe le glaive caſtillan moiſſonne ce que le feu n'a pas détruit.

Ce déſaſtre épouvantable, & auſſi prompt que la penſée, ne décourage ni Palmore, ni Capana : tous deux s'avancent pour envelopper l'ennemi. Mais c'eſt dans ce moment que partent, avec une fougue indomptable, les deux eſcadrons Caſtillans. Les chefs, ne pouvant retenir la fureur du Soldat, s'y laiſſent emporter. Ils volent à travers un nuage de fleches. Les chevaux en ſont hériſſés ; mais furieux comme leurs guides, ils enfoncent les bataillons, bondiſſent à travers les lances, écraſent une foule d'Indiens terraſſés ; & le fer, trempé dans le ſang, redouble cet affreux carnage.

De la garde d'Ataliba, ſix mille hommes

ſont maſſacrés ; tout le reſte va l'être. Ceux qui portent le trône ont à peine le temps de ſe ſuccéder ; tous périſſent ; & le mourant tombe ſoudain ſur le mort qu'il a remplacé. Pizarre, qui, pour retenir une rage effrénée, s'étoit jeté à travers ſes Soldats, ſans pouvoir ni ſe faire entendre, ni ſe faire obéir, ne voit plus qu'un moyen de ſauver la vie à l'Inca. Il ſe met lui-même à la tête des meurtriers, il les devance, pénetre, arrive juſqu'au trône, écarte d'une main le fer qui va frapper Ataliba, & dont il eſt bleſſé lui-même, de l'autre main ſaiſit ce Prince, l'entraîne, le jette à ſes pieds, &, en le gardant, il s'écrie : « Qu'on le » prenne vivant, pour avoir ſes tréſors ». Ce mot en impoſe à la rage.

Pâle, troublé, hors de lui-même, le Roi tombe, & ſe voit baigné dans des flots de ſang indien. Il reconnoît les corps de ſes amis, briſés, meurtris, percés de coups ; il les embraſſe avec des cris ſi douloureux, que leurs bourreaux en ſont émus. Dans la foule, il découvre Alonzo. « Cher & funeste ami! tu m'as perdu, » dit-il; mais on t'a trompé : ton malheur » est d'avoir eu l'ame d'un Indien ». A ces mots, s'étant apperçu qu'Alonzo respiroit encore : « Ah! cruel, dit-il à Pizarre, » sauve du moins celui qui m'a livré à toi ».

Pizarre les fait enlever l'un & l'autre; il charge Fernand de les garder, d'en prendre soin; & lui, s'élançant dans la plaine, il vole & va sauver les déplorables restes de la légion de Palmore, sur laquelle on est acharné. Là, Valverde (*d*), au milieu du meurtre, une croix à la main, la bouche écumante de rage, crioit : « Amis, Chrétiens, ache- » vez, achevez. L'Ange exterminateur » vous guide. Ne frappez que de pointe, » pour ménager vos glaives; plongez, » trempez-les dans le sang. – Éloigne-toi, » monstre exécrable, lui dit Pizarre, » éloigne-toi, ou je te fais vomir ton » ame atroce ». Le monstre épouvanté s'éloigne en frémissant. « Arrêtez, cruels!

» arrêtez, crie alors Pizarre aux Soldats, » ou tournez contre moi vos armes ».

Soit reſpect, ſoit épuiſement de leur force & de leur fureur, ils obéiſſent; & Pizarre les fait retourner ſur leurs pas.

Dans ce jour d'horreurs & de crimes, l'humanité eut un moment. Capana, voyant le combat déſeſpéré, prenoit la fuite avec un petit nombre de ſes Sauvages. Un eſcadron, qui le pourſuit, va l'atteindre & l'envelopper. Le Cacique déſeſpéré ſe tourne, tend ſon arc, & choiſit d'un œil étincelant le Chef de la troupe ennemie. C'étoit Gonſalve Davila. La fleche part; & le jeune homme tombe mortellement bleſſé. On environne le Cacique, on le ſaiſit, & on le traîne aux pieds de Davila, pour le déchirer devant lui. Gonſalve entr'ouvre un œil mourant, & reconnoît celui qui l'a tenu en ſon pouvoir, celui qui lui a laiſſé la vie, & lui a rendu la liberté. « Eſt-ce toi, généreux Capana, » lui dit-il, en lui tendant ſes bras trem- » blans? eſt-ce de ta main que je meurs?

» Tu m'avois fait grace une fois ; je res-
» pirois par ta clémence ; j'étois libre par
» ta bonté. J'en ai fait un cruel usage ! Le
» ciel est juste : il t'a choisi pour m'arra-
» cher tes propres dons. Castillans, écou-
» tez-moi, & redoutez, à mon exemple,
» la main du Dieu qui m'a frappé. Je
» dois tout à cet Indien ; laissez-moi m'ac-
» quitter. Qu'il vive, & qu'il soit libre
» avec les siens. Viens, mon frere, mon
» bienfaiteur, mon meurtrier & mon ami,
» viens, qu'en expirant je t'embrasse. Je
» devois apprendre de toi la justice, &
» l'humanité ». Ces mots furent bientôt suivis de son dernier soupir ; & Capana & ses Sauvages allerent chercher, au-delà des montagnes de l'orient, chez les Moxes, libres encore, ou chez les féroces Antis, qui s'abreuvoient du sang des hommes, un asyle contre la rage d'un Peuple encore plus inhumain.

*

NOTES.

(*a*) ALORS *l'imprudent*]. « Croyant peut-être, » dit Benzoni, que ce Roi fût devenu en un inſtant quelque grand Théologien ». *Penſando forſe che il rè foſſe un qualche gran theologo divenuto.* (*Hiſt. du nouv. monde, liv.* 3.)

(*b*) *Quelques mots offenſans*]. « Que le Pape » devoit bien être quelque grand fat, de donner » ainſi libéralement ce qui n'étoit pas à lui ». *E che il Pontifice doveva eſſere un qualche gran pazzo, poi che dava coſi liberamente quello d'altri.* (*Benzoni, hiſt. du Nouv. Monde, liv.* 3).

(*c*) *Que ce barbare foule aux pieds*]: *Uccidete queſti cani che diſpreggiano la legge di dio.* (Ibid).

(*d*) Là, *Valverde*]. « Quant au Moine qui » avoit commencé le jeu, il ne ceſſa, tant que le » carnage dura, de faire du capitaine, & d'animer » les ſoudards, leur conſeillant de ne jouer que de » l'eſtoc, & ne s'amuſer à tirer des taillades & » coups fendans, de peur qu'ils ne rompiſſent » leurs épées ». *Perche di taglio non rompeſſero le ſpade.* (*Benzoni ibid*).

CHAPITRE L.

LES Espagnols, fatigués de meurtre, & chargés des riches dépouilles qu'ils avoient enlevées du camp des Indiens, s'étoient presque tous rassemblés dans les murs de Cassamalca. Les uns, c'étoit le petit nombre, retirés en silence, honteux & consternés, se reprochoient le sang qu'ils venoient de répandre. D'abord, pour éviter la honte d'abandonner leurs compagnons, ils avoient cédé à l'exemple; mais l'honneur satisfait les avoit livrés au remords. Les autres, fiers & glorieux, s'applaudissoient d'avoir vengé la foi, & par un exemple terrible épouvanté ces nations. Ce fut à ceux-ci que Valverde alla se plaindre de Pizarre, avec la violence d'un séditieux forcené.

« Castillans, leur dit-il, vous venez » de venger votre religion qu'avoit ou» tragée un barbare. Armez-vous de

» constance; car ce zele héroïque est » mis au nombre des forfaits. Pizarre » vous regarde comme des assassins, » dignes du dernier supplice; & s'il en » avoit le pouvoir, comme il en a la » volonté, il vous y feroit traîner tous. » En se saisissant de ce Roi, qu'il fait » garder dans ce palais, il n'a fait que » vous le soustraire; il n'a voulu que le » sauver. C'étoit par lui qu'il espéroit se » rendre indépendant & absolu. Le traître » Alonzo, leur agent mutuel, ménageoit » cette intelligence, & avoit tramé ce » complot. Vous n'avez pas entendu Pi» zarre parler à ce Sauvage; vous en » auriez frémi. Charles paroissoit sup» pliant devant Ataliba. Au lieu d'une » conquête c'étoit une alliance, un com» merce au lieu d'un tribut, qu'il sollicitoit » humblement. Et la Religion!...... C'est» là ce qui vous auroit révoltés. Pizarre » en a parlé comme font les impies. Il » n'osoit exposer la foi; il rougissoit de » nos mysteres; lui-même, aux yeux des

» Infideles, il n'osoit paroître Chrétien.
» Indigné, j'ai pris la parole; j'ai élevé
» ma voix; j'ai dit ce qu'un Chrétien ne
» peut ni déguiser ni taire. Vous avez
» vu par quel outrage Ataliba m'a ré-
» pondu. Et c'est-là ce que son ami, son
» allié, son protecteur vous reproche
» d'avoir puni. Pour moi, je lui suis
» odieux; & je me console de l'être. J'ai
» vu fouler aux pieds le dépôt sacré de
» la foi, & je vous ai crié vengeance :
» voilà mon crime. Il eût fallu dissimuler
» le sacrilege, applaudir au blasphême,
» & trahir la religion en faveur de l'im-
» piété; je ne l'ai pas fait, & j'attends
» sans me plaindre les humiliations, les
» opprobres, l'exil, peut-être le mar-
» tyre!......». A peine il achevoit, cent voix s'élevent & répondent qu'il sera protégé, défendu, révéré comme le vengeur de la foi.

Ce soulevement des esprits s'accrut encore à l'arrivée de Pizarre. Rangés sur son passage, ses soldats ne lui marquent ni crainte ni confuſion; ils le regardent d'un œil fixe, prêts à ſe révolter s'il lui échappe un mot de colere & d'emportement. Plus loin, Valverde, environné de ſéditieux fanatiques, lui montre encore plus d'aſſurance; & d'un front où l'audace eſt peinte, ſoutient ſes regards menaçans. Pizarre traverſe la foule, en gardant un morne ſilence. Il demande où eſt Ataliba. On le conduit à ſa priſon; & là, autour de ce malheureux Prince, il voit un petit nombre de ſes Caſtillans, qui, les yeux fixés à la terre, reſſemblent moins à des vainqueurs qu'à des criminels condamnés.

Ataliba, dans ſon malheur, gardoit encore aſſez de fermeté pour n'avoir pas daigné ſe plaindre. Mais lorſqu'il voit entrer Pizarre, il ſe renverſe, & détournant les yeux avec horreur, il le repouſſe, & ſe refuſe à ſes embraſſemens. « Tu me » crois perfide & parjure, lui dit Pizarre; » mais regarde, regarde cette main dé- » chirée & ſanglante, qui t'a ſauvé le

» coup mortel. Eſt-ce la main d'un en-
» nemi ? Je t'ai enlevé de ce trône, où
» vingt glaives t'alloient percer ; je t'ai
» pris pour te dérober à des furieux, que
» je n'avois pu déſarmer, que je n'aurois
» pu retenir. Demande à ces guerriers ſi,
» durant ce maſſacre horrible, je n'ai
» pas fait, pour l'arrêter, les plus in-
» croyables efforts. Que veux-tu ? que
» peut un ſeul homme ? On m'a déſobéi ;
» on fera plus encore : tout me l'annonce,
» & je m'y attends. Mais, juſques-là,
» ſois sûr, malheureux Prince, que je
» protégerai tes jours, même aux dépens
» des miens ».

A ces mots, l'Inca le regarde avec des yeux où la colere fait place à l'attendriſſement ; & il laiſſe échapper des larmes.
« En te voyant, je t'ai aimé, lui dit-il ;
» & mon ame, aſſervie à la tienne, t'a
» ſoumis juſqu'à ma penſée & juſqu'à ma
» volonté. Pourquoi donc m'aurois-tu
» trahi ? pourquoi aurois-tu voulu voir
» maſſacrer des hommes paiſibles, qui
» te

» te recevoient comme un Dieu ? Non, » non, tu ne l'as pas voulu. Tu pleures! » Viens, embrasse-moi. Ta pitié soulage » le cœur d'un malheureux qui t'aime » encore. Mais dis-moi : tout est-il détruit ? » en est-ce fait de mon armée ? J'ai sauvé » tout ce que j'ai pu, lui répondit le Hé- » ros. S'il est possible, reprit l'Inca, tire- » moi des mains de ces traîtres : leurs cris » de joie me déchirent ; leur approche » me fait horreur. Épargne-moi l'affreux » supplice de les entendre & de les voir. » Rassasiés de sang, ils sont affamés d'or; » je veux bien les en assouvir. Je m'en- » gage, pour ma rançon, d'en remplir » l'enceinte où nous sommes, jusqu'à la » hauteur où tu vois que mon bras s'étend. » Qu'ils emportent ces richesses perni- » cieuses, & qu'ils nous laissent vivre en » paix ».

« Ta cause est la mienne, lui dit Pi- » zarre; & je ferai pour toi tout ce qu'on » peut attendre du zele d'un ami. Don- » nons à la fureur le temps de s'appaiser;

» & armons-nous, toi de constance, & » moi de résolution. Je te laisse. Je vais » prendre soin d'Alonzo, dont l'état m'af- » flige & m'alarme ».

Pizarre, en sortant de la prison d'Ataliba, se sentoit le cœur déchiré ; mais un spectacle plus cruel encore l'attendoit dans le lieu où expiroit Alonzo.

Avant que ce jeune homme fût revenu de la défaillance mortelle où il étoit tombé, on avoit pansé sa blessure. Mais la douleur l'ayant ranimé, il s'étoit vu au milieu d'une foule de Castillans, encore fumans de carnage. Il en frémit d'horreur ; & ramassant un reste de force : « Barbares, leur dit-il, osez-vous m'ap- » procher, & me rappeller à la vie ? » Vous me l'avez rendue affreuse. Il est » bien temps de vous montrer compa- » tissans & secourables, après vingt mille » assassinats commis sur la foi de la paix ! » Les voilà, ces Héros Chrétiens, teints » de sang, haletans de rage. O monstres » fanatiques ! Le ciel, le juste ciel ne

» laissera pas sans vengeance un si exécrable attentat. Ce n'est pas au remords, » c'est à votre furie que je vous dévoue » en mourant. Je vous connois. Je vois » l'orgueil & l'avarice allumer entre vous » les feux d'une haine infernale. Armés » l'un contre l'autre, vous vous déchi» rerez comme des bêtes carnacieres. » Vous vous arracherez ces entrailles » avides, & ces cœurs altérés de sang, » que n'ont jamais pu émouvoir ni les » larmes de l'innocence, ni les cris de » l'humanité. Retirez-vous, brigands » infâmes, lâches meurtriers, laissez-moi, » laissez-moi mourir ». Et à ces mots, arrachant l'appareil de sa plaie, il la déchira de ses mains.

Pizarre le trouva baigné dans son sang; & les Castillans, indignés, s'éloignerent à son approche. Alonzo lui tendit les mains, leva les yeux au ciel, comme pour implorer le pardon de sa violence, & rendit le dernier soupir.

A l'instant Gonzale Pizarre vint parler

en ſecret au Général. « Que fais-tu là, » lui dit-il ? On conſpire, on va ſe révol- » ter, & nommer un Chef à ta place. » Parois, diſſipe ce complot, calme & » ramene les eſprits, ou nous ſommes » perdus ».

Pizarre vit les deux écueils qu'il falloit éviter dans ce pas dangereux, la violence & la foibleſſe. Il ſe montra aux portes du palais, y fit aſſembler ſes Soldats, & portant ſur le front une triſteſſe majeſtueuſe, il leur dit : « Caſtillans, » vous venez d'égorger un Peuple inno- » cent & paiſible, qui ſe livroit à vous, » qui vous combloit de biens, qui révé- » roit en vous ſes hôtes, & qui, renon- » çant à ſon culte, ne demandoit qu'à » s'éclairer, pour embraſſer le culte & la » loi des Chrétiens. Son Roi lui avoit » interdit toute hoſtilité envers vous. » Loin d'en commettre aucune, il s'eſt » vu maſſacrer ſans avoir tiré une fleche, » & avant d'avoir répandu une goute » de votre ſang. Il eſt couché ſur la

» pouſſiere, à la face du ciel, du ciel » votre juge & le ſien. Le maſſacre de » vingt mille hommes, fût-ce vingt mille » criminels, ſeroit affreux à voir; com- » bien plus il doit l'être, quand ce ſont » vingt mille innocens? Leur Roi vous » demande pour eux la ſépulture. Accor- » dez-leur cette marque d'humanité. On » ne la refuſe pas même à ſes plus cruels » ennemis ».

Au lieu des plaintes, des reproches, des menaces qu'on attendoit d'un Chef juſtement irrité, ce langage ſi modéré fit une impreſſion profonde. Les Soldats répondirent qu'ils ne refuſoient pas d'enſevelir les morts, ſi ce qui reſtoit d'Indiens dans les villages d'alentour, vouloient s'y employer avec eux. « Ils vous aide- » ront, dit Pizarre : demain, dans ces » plaines ſanglantes, ils ſeront aſſemblés » au point du jour. Allez vous repoſer : » vous devez être fatigués de meurtre ».

Dès ce moment, tous les eſprits, frappés de ce tableau funebre, ſe ſentirent glacés d'horreur. La nature insensiblement reprit ses droits ; & le remords se saisit du cœur des coupables.

Il ne restoit dans les villages que des vieillards, des femmes, des enfans. Pizarre leur fit commander de venir, dès l'aube du jour, aider à inhumer les morts. Tous ces malheureux obéirent. Dès que la lumiere naissante put éclairer les travaux de la sépulture, les Castillans virent ces femmes, ces enfans, ces vieillards, consternés & tremblans, se rendre à ce triste devoir. Leur douleur profonde & muette, leur pâleur, leur abattement porterent la compassion dans les ames les plus farouches. Mais, lorsque leurs yeux reconnurent, dans la foule des morts, ceux qui leur étoient chers, qu'on les vit se jeter, avec des cris perçans, sur ces corps sanglans & glacés, les serrer dans leurs bras, les arroser de leurs larmes, coller leurs bouches sanglotantes, tantôt sur les levres livides, tantôt sur la plaie entr'ouverte d'un époux, d'un pere ou d'un fils, les meurtriers ne purent ſoutenir ce ſpectacle, ſans jeter eux-mêmes des cris de douleur & de repentir. L'aſſaſſin du pere embraſſoit les enfans ; des mains trempées dans le ſang du fils & de l'époux, retiroient l'épouſe & la mere de la foſſe où elles vouloient s'enſevelir avec eux. C'eſt ainſi que fut varié, durant ce jour lamentable, le long ſupplice du remords.

De retour à Caſſamalca, les Caſtillans, le front baiſſé, les yeux attachés à la terre, le cœur abattu & flétri, ſe préſentent devant Pizarre. « En eſt-ce » fait, demanda-t-il ? & cette malheu» reuſe terre a-t-elle caché dans ſon ſein » juſqu'aux traces de nos fureurs ? – Oui, » c'en eſt fait. – Hé bien, reprit le Gé» néral, hommes inſenſés & cruels, vous » l'avez donc vu, ce carnage, dont la » nature a dû frémir ? C'eſt vous qui » l'avez fait. . . . Mais non, s'écria-t-il, » ce crime abominable, le plus noir & » le plus atroce qu'ait jamais inſpiré la » rage des enfers, ce n'eſt pas vous que

» j'en accuſe; en voilà l'exécrable au-
» teur. C'eſt lui, c'eſt ce tigre affamé,
» cette ame hypocrite & féroce, c'eſt
» Valverde, qui, par vos mains, a verſé
» des torrens de ſang. Apprenez qu'au
» moment qu'il vous crioit vengeance au
» nom d'un Dieu qu'on outrageoit, di-
» ſoit-il; ce Peuple & ſon Roi l'adoroient
» avec nous, ce Dieu, & treſſailloient
» en écoutant les merveilles de ſa puiſ-
» ſance. Je vous le jure, & j'en atteſte
» ces Guerriers qui m'accompagnoient.
» Ils ont entendu quel hommage lui ren-
» doit le vertueux Prince que ce fourbe a
» calomnié. Chargez-le donc ſeul des for-
» faits dont ſon impoſture eſt la cauſe;
» &, comme une victime impure, qu'il
» aille, loin de nous, dans quelque île
» déſerte, expier, s'il le peut, vingt mille
» aſſaſſinats dont le traître a ſouillé vos
» mains. Que les vautours & les viperes
» rongent ce cœur dénaturé, ce cœur
» digne de les nourrir ».

Valverde alors voulut parler, & ſe

défendre. « Miſérable ! lui dit Pizarre, » en le ſaiſiſſant avec force, & en le » traînant à ſes pieds, viens, parle, & » dis ſi tu eſpérois qu'un Roi qui ne t'a » jamais vu, comprît ce que toi-même » tu ne ſaurois comprendre, & que, ſur » ta parole, il crût aveuglément ce qui » confondoit ſa raiſon. Ton livre étoit » ſacré pour toi ; mais comment auroit-il » pu l'être pour celui qui ne ſait ni quel » eſt, ni d'où vient, ni ce que renferme » ce livre ? Il le laiſſe tomber ; & pour » cet accident, hélas ! peut-être invo- » lontaire, tu fais égorger tout un Peuple ! » & je t'entends, au milieu du carnage, » crier, qu'il n'en échappe aucun ! Va, » monſtre, je te laiſſe, pour ton ſupplice, » une vie odieuſe ; mais va la traîner loin » de nous, en horreur au ciel, à la terre, » & à toi-même, s'il te reſte un cœur ca- » pable de remords ». A ces mots prononcés du ton d'un juge inexorable, les plus hardis des amis de Valverde n'oſerent prendre ſa défenſe. On le ſaiſit pâle & tremblant ; & l'ordre à l'inſtant fut donné pour s'en délivrer à jamais.

« Enfin, reprit le Général, nous voilà « rendus à nous-mêmes ; & la raiſon, » l'humanité, la gloire, vont préſider à » nos conſeils. Le Roi demande à payer » ſa rançon ; & vous ſerez épouvantés » du monceau d'or qu'il offre de faire » accumuler dans la priſon qui le ren- » ferme. Caſtillans, je vous l'ai promis : » vos vaiſſeaux s'en retourneront chargés » de richeſſes immenſes. Mais, au nom » du Dieu qui nous juge, au nom du Roi » que nous ſervons, plus de cruautés : » faiſons grace au moins à des Peuples » ſoumis ».

Dès-lors, on ne fut occupé que des promeſſes d'Ataliba. Ce Roi, conſervant dans les fers une égalité d'ame qui tenoit le milieu entre l'orgueil & la baſſeſſe, commandoit à ſes Peuples du fond de ſa priſon ; & ſes Peuples lui obéiſſoient, comme s'il eût été ſur le trône. De toutes parts on les voyoit arriver à Caſſamalca, les uns courbés ſous le poids de l'or, dont ils avoient dépouillé les palais & les temples ; les autres, portant dans leurs mains les grains de ce métal qu'ils avoient amaſſés, & dont leurs femmes & leurs enfans ſe paroient aux jours ſolemnels. Sur le ſeuil du palais où leur Roi étoit enfermé, ils quittoient leurs ſandales, ils baiſoient la pouſſiere à la porte de ſa priſon ; & en dépoſant leur fardeau, ils ſe proſternoient à ſes pieds, & ils les arroſoient de larmes. Il ſembloit que le malheur même le leur eût rendu plus ſacré.

On avoit tracé une ligne à la hauteur des murs où devoit s'élever le monceau d'or qu'il avoit promis ; & quelque amas qu'on en eût fait, il s'en falloit encore que l'eſpace ne fût comblé. Le Roi s'apperçut des murmures que l'avarice impatiente laiſſoit échapper devant lui. Il repréſenta qu'il étoit impoſſible de faire plus de diligence ; que l'éloignement de Cuſco (*) étoit la cauſe inévitable des

(*) Deux cents cinquante lieues.

lenteurs dont on ſe plaignoit ; mais que cette ville avoit ſeule de quoi acquitter ſa promeſſe. On y envoya deux Caſtillans (*), pour ſavoir s'il en impoſoit ; & ce fut dans cet intervalle qu'une révolution funeſte acheva de précipiter les Indiens dans le malheur, & les Caſtillans dans le crime.

(*) Soto, & Pierre de Varco.

CHAPITRE LI.

ALMAGRE, avec de nouvelles forces, venoit de Panama au ſecours de Pizarre. En débarquant (*), il avoit appris le déſaſtre des Indiens; & tels qu'on voit les reſtes d'une meute affamée, au ſon du cor qui leur annonce que le cerf eſt aux abois, oublier la fatigue & redoubler leur courſe, haletans de joie & d'ardeur; tels, pour avoir part à la proie, Almagre & ſes compagnons s'avançoient vers Caſſamalca. Sur ſa route, il rencontre ce fourbe fanatique, Valverde, qu'une sûre eſcorte remmenoit au port de Rimac. L'état où il le voyoit réduit excita ſa compaſſion; & il lui demanda quel crime avoit pu cauſer ſa diſgrace. « Le zele qui » fait les martyrs », répondit le perfide, avec cet air ſimple & tranquille qui

(*) A *Puerto viejo*. Vieux port.

annonce la paix du cœur. Il ajouta que ſi Almagre vouloit l'entendre, il le prenoit pour juge, bien sûr d'être innocent & même louable à ſes yeux.

Impatient d'en tirer des lumieres utiles à ſes intérêts, Almagre demanda, & il obtint ſans peine, qu'on permît à ce malheureux de lui parler un moment ſans témoins; & tandis que l'eſcorte & la nouvelle troupe ſe livroient à la joie de ſe trouver enſemble dans un pays dont la conquête les enrichiroit à jamais, Valverde, aſſis auprès d'Almagre, ſous l'ombrage d'un vieux cyprès, lui communiquoit en ces mots le poiſon des furies, dont lui-même il étoit rempli.

« Fidele & généreux ami du plus am» bitieux des hommes, ſes ſuccès & ſa » gloire, & ſon élévation, & l'autorité » qu'il exerce, & la faveur dont il jouit, » il vous doit tout : votre fortune s'eſt » épuiſée à lui armer des flottes; votre » courage a ſoutenu, a relevé le ſien, » que laſſoient les obſtacles, & que

» rebutoit le malheur. Nous vous avons
» vu, à travers les tempêtes & les écueils,
» passer, repasser sans relâche du port de
» Panama sur ces bords dangereux, où,
» sans vous, il alloit périr ; & par des
» secours imprévus, nous rendre à tous
» la vie & l'espérance. Sans vous, il n'eût
» été célebre que par une imprudence
» aveugle, ou plutôt il seroit encore
» dans sa premiere obscurité. Vous allez
» voir quelle reconnoissance il réserve à
» tant de bienfaits. Il a été à la Cour
» d'Espagne ; il a obtenu de l'Empereur
» les graces les plus signalées, les titres
» les plus éclatans ; mais pour qui? pour
» lui seul. Avez-vous vu ses titres? y
» êtes-vous seulement nommé? A-t-il
» pensé à demander son ami, son asso-
» cié, le créateur de sa fortune, au moins
» pour commander sous lui? Ce n'est
» pas oubli ; non, Pizarre ne vous a
» point oublié ; il vous a craint. Il veut
» régner ; & un Lieutenant tel que vous
» eût gêné son ambition, & peut-être

» obſcurci ſa gloire. Apprenez ce qu'il » a grand ſoin de dérober à tous les yeux, » mais ce que j'ai ſu découvrir. L'étendue » de ſa puiſſance, dans ces climats, n'eſt » pas ſans bornes ; & ſes titres ne lui » accordent que la moitié de cet Empire, » coupé en deux par l'équateur. La ville » impériale, la ſuperbe Cuſco, eſt au-» delà de ſes limites ; & le premier qui » oſeroit lui en diſputer la conquête, y » auroit autant de droits que lui. Pizarre » l'a prévu ; & ſur le vain prétexte de la » rançon d'un Roi ſon allié, qu'il feint » de tenir priſonnier dans les murs de » Caſſamalca, il fait enlever de Cuſco » tous les tréſors qu'elle renferme. Allez, » Almagre, allez le trouver ; mais ſur-» tout gardez-vous de lui rappeller ni » vos bienfaits, ni ſes promeſſes ; gardez-» vous de prétendre au partage de l'or » qu'il fait accumuler : c'eſt la rançon d'un » Indien que, ſans vous, on a fait captif : » vous n'avez point droit au partage ; & » Pizarre l'a déclaré ».

A

A ces mots, l'orgueil & l'envie s'allumerent dans le cœur d'Almagre. Mais il feignit de douter encore que son ami pût être ingrat. « Comment ne trahiroit-il » pas l'amitié, la reconnoissance, reprit » le fourbe ? il trahit bien son Roi, sa » patrie & son Dieu ». Alors il répéta toutes les calomnies dont il avoit chargé le Héros Castillan. « Et savez-vous, ajou- » ta-t-il, quel est ce Roi, l'ami, l'allié » de Pizarre ? Un usurpateur, un per- » fide, qui a fait égorger sans pitié toute » la race des Incas, qui s'est baigné dans » le sang des Peuples de Cusco, a chassé » son frere du trône, l'a fait charger de » chaînes, & le tient enfermé dans la » plus étroite prison. C'est là ce que nous » ont appris les Indiens de ces vallées, » qui, sous le joug d'Ataliba, pleurent » le malheur de leur Roi. — Et où est la » prison de ce Roi ? lui demanda l'am- » bitieux Almagre. — Elle est, répond » Valverde, dans le fort de Cannare, » ville située sur la route de Quito à

» Caſſamalca. – Allez, c'eſt aſſez, dit » Almagre : rendez-vous au port de Ri-» mac. Vous n'en partirez point, ſans » y avoir reçu des marques de recon-» noiſſance d'un homme qui hait les in-» grats, & qui ne le ſera jamais ».

Almagre, qui, dès ce moment, devint le plus mortel ennemi de Pizarre, vit que la délivrance de l'Inca de Cuſco étoit pour lui un moyen sûr & prompt de ſe faire un parti puiſſant, & d'enlever à ſon rival la plus belle moitié de ſa conquête. Il prit ſa route vers Cannare, où la nouvelle du maſſacre des Indiens avoit répandu la terreur. Il voit les Peuples, à ſon approche, s'enfuir épouvantés ; il attaque le fort, & menace de ravager, d'exterminer tout ſans pitié, ſi l'on refuſe, à l'inſtant même, de lui livrer l'Inca, Roi de Cuſco, qu'il prend, dit-il, ſous ſa défenſe.

Quoique réduit au déſeſpoir, l'intrépide Corambé répond, avec fierté, qu'Ataliba reſpire encore, & qu'il n'obéira qu'à lui.

Alors on fit tonner l'artillerie, & les portes de la citadelle commencerent à s'ébranler. A ce bruit, à l'effroi qu'il répand dans les murs, le farouche Huascar s'écrie, transporté de joie & de rage: « Les voilà, mes vengeurs! Qu'il meure, » au prix de ma couronne, qu'il meure, » le perfide, le sanguinaire Ataliba ». Corambé l'entendit; & rendu furieux par l'excès du malheur: « Toi, qui préferes, » lui dit-il, l'oppression de ces brigands » à l'amitié de ton frere, & la ruine de » ton pays à la paix qui l'auroit sauvé, » cruel, tu ne jouiras point de ton im- » placable vengeance ». A ces mots, de la hache dont il étoit armé, il lui porta le coup mortel.

A peine il eut frappé, que, voyant Huascar se débattre à ses pieds, & se rouler dans une sanglante poussiere, il s'effraya du crime qu'il venoit de commettre. Éperdu, égaré, il s'éloigne, il commande à ses Indiens de le suivre, & se jette en désespéré dans le bataillon ennemi. Il ſut bientôt percé de coups ; mais, en cherchant la mort, il s'ouvrit un paſſage ; & le plus grand nombre des ſiens put s'échapper. Quelques-uns furent pris vivans.

Almagre, impatient d'enlever Huaſcar, ſe jeta dans le fort ; il y trouva ce Roi maſſacré, baigné dans ſon ſang, luttant contre une mort cruelle, & qui, par des rugiſſemens de douleur & de rage, lui demandoit vengeance. Il le vit expirer ; il en fut outré de douleur ; & perdant l'eſpérance de diviſer l'Empire, il réſolut, dès ce moment, d'ôter à ſon rival l'appui d'Ataliba, l'appui d'un Roi qui, dans les fers, commandoit encore à ſes Peuples. Il fit donc enlever & porter à ſa ſuite le corps de l'Inca de Cuſco, & ſe rendit à Caſſamalca.

Pizarre le reçut avec l'empreſſement de l'amitié reconnoiſſante. Mais à ce mouvement de joie ſuccede un mouvement d'horreur, lorſqu'au milieu des Caſtillans, aux yeux d'Ataliba lui-même,

Almagre fait lever le voile qui couvre le corps d'Huascar. « Le reconnois-tu » ? lui dit-il, du ton d'un juge menaçant. Ataliba regarde ; il frémit, il recule épouvanté ; & jetant un cri de douleur : « O mon frere ! dit-il, le glaive impi- » toyable n'a donc rien épargné ! ils » massacrent les Rois » ! A ces mots, soit tendresse, soit retour sur lui-même & pressentiment de son sort, il ne peut retenir ses larmes ; les sanglots lui étouffent la voix. « Tu le pleures, lui dit Almagre, » après l'avoir assassiné ! – Moi ! – Toi- » même, perfide, & par la main d'un » traître qui, poursuivi par les remords, » est venu tomber sous nos coups. Pi- » zarre, ajouta-t-il, vous l'avez oublié, » ce Roi, dont les Sujets fideles étoient » venus jusqu'à Tumbès vous implorer ; » & cependant son ennemi, le meur- » trier de sa famille & de ses Peuples, » du fond de sa prison, l'a fait assassiner. » J'ai su le danger qu'il couroit, & j'ai » volé à sa défense. Je n'ai fait que hâter

» ſa perte ; & le barbare Ataliba n'a été » que trop bien ſervi ».

« O céleſte juſtice ! s'écrie Ataliba, » révolté de ſe voir chargé d'un parri- » cide. Moi ! l'aſſaſſin d'un frere ! Ah ! » cruels ! c'eſt à vous que ſont réſervés » ces grands crimes. C'eſt pour vous que » rien n'eſt ſacré. Il ne vous manquoit » plus que ce dernier trait de noirceur. » Vous m'avez lâchement trompé ; vous » m'avez attiré dans un piege effroyable ; » vous avez violé la bonne foi, la paix, » l'hoſpitalité, l'amitié, tout ce qu'il y a » de plus ſaint, même parmi les plus » cruels des hommes ; vous avez égorgé » mes Peuples ; vous m'avez chargé de » liens ; vous avez mis à prix ma liberté, » mes jours ; n'en eſt-ce point aſſez ? Ni » les pleurs, ni le ſang, ni l'or, rien » n'aſſouvit donc votre rage ! Pour me » porter un coup plus cruel que la mort, » vous m'accuſez d'un parricide ! Hé, » grand Dieu ! que vous ai-je fait, que » du bien, dans le moment même que

» vous nous accabliez de maux ? Que » me demandez-vous encore ? Eſt-ce mon » ſang que vous voulez ? Il eſt à vous. » Trempez-y vos mains, j'y conſens ; » mais qu'avez-vous beſoin de me trou- » ver coupable ? Je ſuis foible, je ſuis » enchaîné, ſans défenſe, abandonné du » monde entier ; nous n'avons que le ciel » pour juge ; & le ciel me laiſſe acca- » bler. Frappez. Vous n'avez ni témoins » ni vengeurs à craindre. Frappez. Ter- » minez mes malheurs ; mais épargnez » mon innocence. Percez ce cœur ſans » l'outrager ».

Ces mots, entrecoupés de larmes, avoient ému les Caſtillans, lorſqu'Almagre fit avancer les Indiens qu'on avoit pris, & qui atteſtoient le parricide. Ces malheureux trembloient ; ils gardoient le ſilence ; ils ne ſavoient s'ils devoient dire ou taire ce qu'ils avoient vu ; mais, forcés par leur Roi lui-même de parler ſans déguiſement, ils avouerent que leur Chef, le Lieutenant d'Ataliba, & le gardien d'Huaſcar, ſe voyant preſſé de le rendre, l'avoit tué de ſa main. Il n'en fallut pas davantage; & la calomnie, appuyée des apparences d'un complot, fit croire ce qu'elle voulut. Intimidés par les menaces, ces mêmes Indiens laiſſerent échapper quelques mots que l'on expliqua dans le ſens le plus odieux; & d'un ſoupçon d'intelligence entre les Indiens de Cannare & leur Roi, on fit une preuve certaine de la plus noire trahiſon. Ataliba fut convaincu, dans l'eſprit de la multitude, d'avoir conſpiré ſourdement contre les Caſtillans eux-mêmes; & cent voix s'éleverent pour demander ſa mort.

Pizarre, qui voyoit, à travers ces nuages, l'innocence d'Ataliba, eut encore, avec ſes amis, le courage de le défendre; mais la haine & l'envie en prirent avantage pour réveiller dans les eſprits les ſoupçons que Valverde avoit déja fait naître; & dans ce zele généreux, on crut voir l'intérêt ſe déceler lui-même, & l'ambition se trahir.

A la tête des factieux étoit Alfonce de Requelme (*), fanatique sombre & farouche, de meilleure foi que Valverde, mais non moins violent que lui. Almagre, plus dissimulé, ne se déclaroit pas de même. Il gémissoit avec Pizarre du trouble qu'il avoit causé, & se reprochoit, disoit-il, une imprudence malheureuse. Mais Pizarre, à travers sa dissimulation, s'apperçut trop bien que le fourbe triomphoit au fond de son cœur.

Cependant le trouble, en croissant, alloit allumer la discorde. Ataliba lui-même en excitoit les feux par la fierté de sa défense & l'amertume des reproches dont il accabloit ses tyrans. Cruellement blessé, son cœur avoit repris le ressort que donne au courage l'injure portée à l'excès. Il n'écoutoit plus ses amis, qui

(*) Trésorier pour l'Empereur.

l'exhortoient à la patience. « Ah ! j'ai » trop ſouffert, diſoit-il ; & pourquoi » diſſimulerois-je ? Si la douceur pouvoit » toucher ces cœurs farouches, ne ſe» roient-ils pas amollis ? Pizarre, ils » veulent que je meure ; ils veulent perdre » ton ami : je le vois. Mais il eſt indigne » de la vertu calomniée de baiſſer un » front ſuppliant ».

Trop foible, au milieu d'une troupe de factieux déterminés, pour impoſer par la menace, Pizarre ſe faiſoit violence à lui-même ; & ſemblable au Pilote ſurpris par la tempête, dans un détroit ſemé d'écueils, tantôt cédant, tantôt réſiſtant à l'orage, il évitoit de ſe briſer. La hauteur ferme & courageuſe d'Ataliba, & plus encore l'imprudente chaleur dont le jeune Fernand embraſſoit la défenſe de ce malheureux Prince, ne faiſoient qu'aigrir les eſprits. Pizarre commença par éloigner Fernand. Ce fut lui qu'il choiſit pour aller en Eſpagne porter la rançon de l'Inca. Le partage en fut annoncé ; & il fallut savoir si la troupe d'Almagre seroit admise à ce partage. Pizarre le propose. Une rumeur s'éleve ; & on déclare hautement que, n'ayant pas contribué à la conquête, il n'est pas juste qu'elle en vienne usurper les fruits.

Almagre vit qu'il alloit perdre ses nouveaux partisans, s'il disputoit la proie. « Dissimulons, dit-il aux siens ; car c'est » un piege qu'on nous tend ». Aussi-tôt il prit la parole, & dit qu'ils venoient partager des travaux, non pas des dépouilles, & que dans un pays immense où germoit l'or, l'or ne méritoit pas de diviser des hommes que l'estime, l'honneur, le devoir unissoient. Le perfide, avec ce langage, eut l'art de tout pacifier. Il s'attacha de plus en plus, par sa modération feinte, un parti nombreux & puissant ; & Pizarre, perdant l'espoir de l'affoiblir, chercha, mais inutilement, à le gagner par des largesses (*a*). Il fit peser l'or & l'argent qu'on avoit entassés, il les distribua; son armée en fut enrichie. La part (*) qu'il avoit réservée à l'Empereur, fut envoyée au port, où Fernand devoit s'embarquer; & Fernand, pressé de s'y rendre, vint, la tristesse dans l'ame, prendre congé d'Ataliba.

Il avoit conçu pour l'Inca cette amitié noble & tendre que la vertu dans le malheur inspire aux ames généreuses: doux appui que le ciel ménage quelquefois à l'homme juste qu'on opprime, pour l'aider à porter le poids de l'accablante adversité. « Je viens te dire adieu: l'on » m'envoie en Espagne: mon devoir » m'éloigne de toi, lui dit-il; mais » j'emporte avec moi l'espérance de te » servir, de te revoir, libre, justifié, » rétabli sur le trône, & d'y embrasser » un Héros que j'ai respecté dans les » fers. — Ah! généreux ami! lui dit » Ataliba, en l'enveloppant dans ses

(*) Le quint.

» chaînes, & en le ſerrant dans ſes » bras, vous me quittez ! je ſuis perdu. » – Hé quoi, lui dit Fernand, mes » freres, nos amis ! – Ils n'auront pas » votre courage ; & Pizarre, pour me » ſauver, ne s'expoſera pas à ſe perdre » avec moi. Voyez, ajouta-t-il, cet » homme arrogant & ſuperbe, qui » paroît engraiſſé de ſang » ; (c'étoit Alfonce de Requelme) « & cet autre » qui d'un œil morne nous obſerve » ; » (c'étoit Almagre) « ils n'attendent » que votre abſence pour me faire périr. » Nous ne nous verrons plus. Adieu, » pour la derniere fois ».

NOTE.

(a) *A le gagner par des largeſſes*]. Zarate aſſure que Pizarre fit donner à chacun des Eſpagnols qui accompagnoient Almagre, mille *peſos* d'or, ou vingt marcs. Benzoni dit, *cinq cents ducats aux uns, & à d'autres mille. A tal cinquecento, e a tal mille ducati.*

CHAPITRE LII.

APRÈS de ſi triſtes adieux, Fernand ſe rendit à Rimac. Il y trouva l'implacable Valverde, qui, ſous les dehors d'une humilité volontaire, déguiſoit ſa honte & ſa rage. Il parut aux yeux de Fernand. « Trop de zele a pu m'égarer, lui dit-il; je dois expier tous les » maux dont je ſuis la cauſe; & quand » vous m'aurez expoſé, dans une île » déſerte, aux animaux voraces, je ne » ſerai pas trop puni. Que le ciel me » donne la force d'expirer ſans me » plaindre; & je vous bénirai. Mais ſi » cette force me manque, & ſi le dé- » ſeſpoir ſe ſaiſit de mon ame, elle eſt » perdue. Ah! laiſſez-moi la ſauver par » la pénitence. Qu'avez-vous à craindre » de moi? Proſcrit, abandonné, quand » je ſerois méchant, j'ai perdu le pou- » voir de nuire. La grace que j'implore

» eſt d'expier mon crime par les plus » pénibles travaux ; d'aller parmi les In- » diens les plus ſauvages de ces bords, » répandre au moins quelque lumiere, » quelque ſemence de la Foi. Je ne veux » que mourir martyr ». A ces mots, de perfides larmes couloient de ſes yeux hypocrites.

Le jeune homme, ſimple & crédule, comme tous les cœurs généreux, ſe laiſſa toucher & ſéduire. Il lui rendit la liberté ; & le tigre, en rompant ſa chaîne, frémit de joie & de fureur.

Les richeſſes prodigieuſes que l'on venoit de partager n'étoient qu'une foible partie de la rançon d'Ataliba (*). Pour remplir ſa promeſſe, on alloit enlever cet amas incroyable d'or que la floriſſante Cuſco avoit vu, pendant onze regnes, s'accumuler dans les palais des Rois & dans le temple du Soleil. Almagre en frémiſſoit de rage. Cette ville ſuperbe, ſur

(*) La cinquieme partie.

laquelle eſt fondée ſon eſpérance ambitieuſe, ſera ruinée à jamais ; & quand la rançon de l'Inca n'épuiſeroit pas ces richeſſes, Pizarre en diſpoſeroit ſeul, tant que ce Roi ſeroit vivant. Ce fut là le grand intérêt qui fit ſolliciter ſa perte, & la preſſer avec ardeur.

D'abord, par de feintes promeſſes d'uſer d'indulgence envers lui, on voulut l'engager à faire l'aveu de ſon crime, pour en obtenir le pardon. Mais ce malheureux Prince, conſervant dans les fers la noble fierté de ſon ſang : « C'eſt aux » criminels qu'on pardonne, dit-il ; & » je ſuis innocent ». On lui parla de la clémence du Prince au nom duquel on alloit le juger. « Il en aura beſoin, dit-il, » pour pardonner ma mort à mes accu» ſateurs ; mais envers un Roi, ſon égal, » qui ne l'a jamais offenſé, ſa clémence » lui eſt inutile. Qu'il ſoit juſte ; & je ne » crains rien ».

A des eſprits frappés de la perſuaſion que ſon crime étoit manifeſte, cet orgueil parut

parut révoltant. On s'écria qu'il fût jugé, puiſqu'il avoit l'audace de demander à l'être ; & ce fut alors que Pizarre fit les plus généreux efforts pour le ſauver. Il expoſa que le Conſeil établi dans ſon camp n'étoit pas fait pour juger les Rois ; qu'un Lieutenant d'Ataliba avoit pu croire le ſervir, en ſe chargeant pour lui, d'un parricide, ſans que ce Prince en fût inſtruit, ſans qu'il y eût donné ſon aveu ; qu'on avoit pu de même, à ſon inſçu, vouloir tenter ſa délivrance ; & que, loin d'être criminel, ce zele étoit juſte & louable ; que la conduite de l'Inca, pleine de dignité, de candeur, de droiture, ne laiſſoit aucune apparence aux ſoupçons qui l'avoient noirci ; mais que, fût-il coupable, c'étoit à l'Empereur qu'il étoit réſervé de lui donner des juges ; & qu'il réclamoit en ſon nom ce privilege auguſte & ſaint. Il ajouta que dans ſes lettres à l'Empereur, il l'informoit de tout ce qui s'étoit paſſé ; qu'il lui déféroit cette cauſe ; qu'il attendroit ſa volonté; & que tout ſeroit ſuſpendu juſqu'au retour de Fernand.

Requelme alors prit la parole. « Vous » allez informer l'Empereur, lui dit-il; » & de quoi? de votre opinion, ſans » doute, & de celle d'un petit nombre de » vos amis, qui, comme vous, ont pu ſe » laiſſer abuſer? Eſt-ce donc ainſi, Pizarre, que doit s'inſtruire une ſi grande » cauſe? Et moi, je demande que le » Conſeil entende & juge Ataliba, & » que le procès, revêtu de l'autenticité » des loix, ſoit déféré au tribunal ſuprême, où ſera décidé le ſort de cet » uſurpateur, que vous appellez Roi ».

Cet avis parut ſage & modéré au plus grand nombre; & Pizarre, voyant que ſes amis eux-mêmes penchoient à le ſuivre, y céda. Mais comme il avoit éprouvé que la nature avoit encore des droits ſur les cœurs qu'il vouloit fléchir, il penſa qu'il falloit d'abord les émouvoir; & ſous un prétexte apparent de prudence & de ſûreté, il fit venir de

Riobamba la famille du Roi captif, pour les rassembler tous dans la même prison.

Ce fut un spectacle, en effet, bien digne de compassion, que de voir ces enfans, ces femmes arriver, chargés de liens, au palais de Cassamalca. L'innocence dans le malheur est toujours si intéressante ! Mais lorsque, sur le front des malheureux, il reste quelque trace de gloire, & qu'on voit dans l'abaissement les objets de l'hommage & de la vénération des mortels, le malheur paroît plus injuste, parce qu'il est plus accablant. Aussi la premiere impression de la pitié, à cette vue, fut-elle sensible & profonde dans l'esprit de la multitude.

On les voyoit, ces illustres captifs, tristes, abattus, gémissans, les yeux baissés & pleins de larmes ; on les voyoit s'avancer à pas lents dans ces campagnes désolées, & toutes fumantes encore du sang qu'on y avoit répandu. La compagne d'Aciloé, Cora, ne pleuroit point : une pâleur mortelle étoit répandue ſur ſon viſage; & le feu ſombre & dévorant dont ſes yeux étoient allumés, avoit tari la ſource de ſes larmes. Ses regards, tantôt fixes & tantôt égarés, cherchoient, dans ces plaines funebres, l'ombre errante de ſon époux. « Où eſt-il mort? en quel lieu repoſe » mon cher Alonzo, diſoit-elle? En » quel lieu s'eſt fait le carnage de ceux » qui gardoient notre Roi »? Un Indien lui répondit : « Vous y touchez. C'eſt » là, dans ce lieu même, qu'étoit le » trône de l'Inca; c'eſt là qu'autour de » lui tous ſes amis ſont morts; c'eſt là » qu'ils ſont enſevelis. Alonzo étoit à » leur tête; & cette petite éminence » que vous voyez, c'eſt ſon tombeau ». A ces mots, qui percent le cœur de la tendre épouſe d'Alonzo, un cri déchirant part du fond de ſes entrailles. Elle ſe précipite, elle tombe égarée ſur cette terre humide encore, que l'herbe n'avoit pas couverte; elle l'embraſſe avec l'amour dont elle eût embraſſé le corps de ſon époux ; elle réſiſte au ſoin qu'on prend de l'arracher de ce tombeau ; & lorſqu'on veut lui faire violence, il ſemble, à ſes cris douloureux, qu'on va lui déchirer le cœur. Enfin l'excès de la douleur rompant les nœuds dont la nature retenoit encore dans ſes flancs le fruit d'un malheureux amour, elle expire en devenant mere. Mais cet accès de déſeſpoir n'a pas été mortel pour elle ſeule ; & l'enfant qu'elle a mis au monde en eſt frappé. Il s'éteint, ſans ouvrir les yeux à la lumiere, ſans avoir ſenti ſes malheurs.

La conſtance d'Ataliba avoit, juſques-là, dédaigné d'adoucir ſes perſécuteurs ; mais cette ame, que l'infortune avoit élevée, affermie, & dont la tranquille fierté défioit les revers, s'abattit tout-à-coup, lorſque, dans ſa priſon, il vit ſes femmes, ſes enfans, chargés de chaînes comme lui, ſe jeter dans ſes bras, tomber en foule à ſes genoux. Il ſe trouble ; ſes yeux ſe rempliſſent de larmes ;

il reçoit dans ſon ſein, avec une douleur profonde, ſes épouſes & ſes enfans ; il les preſſe contre ſon cœur ; il mêle ſes ſoupirs à leurs plaintes ; il oublie que ſa foibleſſe a pour témoins ſes ennemis ; ou plutôt il ne rougit point de ſe montrer époux & pere.

Pizarre, obſervant dans les yeux de ſes compagnons attendris la même compaſſion qu'il éprouvoit lui-même, s'en applaudit, & d'autant plus, qu'il voyoit auſſi tomber l'orgueil d'Ataliba ; mais, pour donner à ſon courage le temps de s'amollir encore, il ordonna qu'on le laiſſât ſeul avec ſes femmes & ſes enfans.

Ce fut alors que la nature abandonnée à elle-même donna un libre cours à tous les mouvemens de la douleur & de l'amour. Baigné d'un déluge de larmes, Ataliba voit ſes enfans l'environner, baiſer ſes chaînes, demander quel mal ils ont fait ? quel eſt le crime de leurs meres ? & ſi c'eſt pour mourir enſemble qu'on les a réunis ? Tendre époux & bon pere, il jette un regard languiſſant ſur ſa famille déſolée ; & ſon cœur oppreſſé de douleur, de pitié, de crainte, ne répond que par des ſanglots.

CHAPITRE LIII.

LE jour fatal arrive, & le Conſeil eſt aſſemblé. Il étoit formé des plus anciens & des plus élevés en grade parmi les guerriers Caſtillans. Pizarre y préſidoit; mais Almagre & Requelme étoient aſſis à ſes côtés. Un ſilence terrible régnoit dans l'aſſemblée. On fait paroître Ataliba; on l'interroge; & il répond avec cette noble candeur qui accompagne l'innocence. On lui rappelle le maſſacre de la famille des Incas; on lui oppoſe les témoins du meurtre du Roi de Cuſco, & du projet formé pour l'enlever lui-même du palais de Caſſamalca. La vérité fait ſa défenſe. Il leur expoſe en peu de mots la cauſe & les malheurs de la guerre civile; ce qu'il a fait pour déſarmer l'inflexible orgueil de ſon frere; ce qu'il a fait pour l'appaiſer, même depuis qu'il l'a vaincu. « Si j'avois pu vouloir ſa

J. Moreau le j[ne] inv. Née Sculp.

La famille d'Ataliba... dormoit alors autour de lui

» mort, dit-il, c'eſt lorſqu'il ſoulevoit » ſes Peuples contre moi, & que, du fond » de ſa priſon, il ralumoit encore les feux » de la guerre; c'eſt alors que ce crime, » utile à ma grandeur & au repos de » cet empire, auroit dû me tenter. Je n'ai » point méconnu mon ſang; je n'ai point » voulu le répandre; & ſi, dans les com» bats, ſans moi, loin de moi, malgré » moi, l'aveugle ardeur de mes ſoldats » n'a rien épargné, c'eſt le crime de celui » qui, pour ma défenſe, m'a forcé de leur » mettre les armes à la main. Caſtillans, » ma victoire m'a coûté plus de larmes » que tous les malheurs que j'éprouve ne » m'en feront jamais verſer. Voyez, pour» ſuivit-il, ſi j'ai rendu mon regne odieux » à mes Peuples. Je ſuis tombé du trône; » mon ſceptre eſt briſé; tous mes amis » ſont morts; je ſuis ſeul dans les chaînes, » avec des femmes & des enfans; on n'a » plus rien à craindre, à eſpérer de moi. » C'eſt là, c'eſt dans l'extrêmité du mal» heur & de la foibleſſe, qu'on peut

» discerner un bon Roi d'avec un Tyran ;
» c'est alors qu'éclate la haine publique,
» ou que se signale l'amour. Voyez donc
» ce que j'ai laissé dans les cœurs, & si
» c'est ainsi qu'on traite un méchant, un
» coupable. Ce respect si tendre & si pur,
» cette fidélité constante, cette obéissance
» à la fois si profonde & si volontaire,
» enfin cet amour de mes Peuples envers
» un malheureux captif, voilà mes té-
» moignages contre la calomnie ; & je
» vous demande à vous-mêmes si ce
» triomphe est réservé pour le crime ou
» pour la vertu ? Ce moment, juge de
» ma vie, est sous vos yeux ; & j'en
» appelle à lui. Non, quoi que l'on vous
» dise, vous ne croirez jamais que celui
» qui, de sa prison, dans l'indigne état
» où je suis, fait encore adorer sa vo-
» lonté sans force, & voit ses Peuples
» prosternés, venir, en lui obéissant,
» arroser ses chaînes de larmes, ait été
» sur le trône injuste & sanguinaire. Vous
» m'avez connu dans les fers tel que l'on

» m'a vu ſur le trône, ſimple & vrai, » ſenſible à l'injure, mais plus ſenſible » à l'amitié. On m'accuſe d'avoir tenté » ma délivrance, & voulu ſoulever mes » Peuples contre vous! Je n'en ai pas eu » la penſée; mais, ſi je l'avois eue, m'en » feriez-vous un crime? Regardez ces » plaines ſanglantes; voyez les chaînes » dont vous avez flétri les mains inno- » centes d'un Roi; & jugez ſi, pour me » ſauver, tout n'eût pas été légitime. Ah! » vous n'avez que trop juſtifié vous- » mêmes ce que le déſeſpoir auroit pu » m'inſpirer. Cependant j'atteſte le ciel » que, Pizarre m'ayant donné ſa parole » & la vôtre de m'accorder la vie, de » me rendre la liberté, de faire épargner » ma famille, & de laiſſer en paix le » reſte de mes Peuples infortunés, j'ai » mis en lui mon eſpérance, & ne me » ſuis plus occupé qu'à faire amaſſer l'or » promis pour ma rançon. Mon Dieu, » qui ſans doute eſt le vôtre, lit dans mon » cœur, & m'eſt témoin que je vous dis

» la vérité. Mais, si c'est peu de l'inno-
» cence pour vous toucher, voyez mes
» malheurs. Je suis pere, je suis époux,
» & je suis Roi. Jugez des peines de mon
» cœur. Vous m'avez voulu voir suppliant;
» je le suis, & j'apporte à vos pieds les
» larmes de mes Peuples, de mes foibles
» enfans, de leurs sensibles meres. Ceux-
» là du moins sont innocens ».

Ce langage simple & touchant attendrit quelques-uns des juges; & Pizarre ne douta point qu'il ne les eût persuadés. On fit sortir Ataliba; & les juges s'étant levés, on recueillit les voix.... Quelle fut la surprise de Pizarre & de ses amis, en entendant que le plus grand nombre opinoit à la mort! Aussi-tôt ils réclament contre cette sentence inique, & ils rappellent au Conseil la parole qu'il a donnée de renvoyer la cause, après l'avoir instruite, au tribunal de l'Empereur. Requelme l'avoit proposé; tout le Conseil y avoit souscrit; aucun n'osoit désavouer ce consentement unanime; &

Ataliba condamné avoit du moins l'eſpérance de paſſer en Eſpagne, & d'y être entendu & jugé par un Roi. Mais la noire furie qui pourſuivoit ſes jours, n'eut garde de lâcher ſa proie.

Valverde, échappé de ſa chaîne & mis en liberté, revient, la rage au fond du cœur, ſe déguiſe & entre, inconnu, au milieu d'une nuit obſcure, dans les murs de Caſſamalca. C'étoit l'heure où Almagre, avec ſes partiſans, formoit ſes complots ténébreux. Le fourbe paroît à leur vue. « Amis, dit-il, reconnoiſſez la fidélité des promeſſes de celui » qui a dit au juſte : *Tu fouleras aux pieds* » *l'aſpic & le lion*. Vous m'avez vu char» gé de chaînes, proſcrit, envoyé ſur » la flotte, pour être abandonné dans » quelque île déſerte, où je ſerois la » proie des animaux voraces ; me voilà » au milieu de vous. Dieu a rompu les » pieges du méchant ; il s'eſt joué des » conſeils de l'impie ; il a tendu la main au » foible, innocent & perſécuté. Mais vous,

» guerriers, qu'il a choiſis pour défendre ſa » cauſe, & qu'il a revêtus de force & » de courage pour le venger, que faites-» vous? Vous conſentez que Pizarre en-» voie en Eſpagne un tyran, ſon ami, » votre accuſateur, celui qui peut, par » ſes richeſſes, gagner la Cour & le » Conſeil, celui qui, s'il eſt écouté, » vous dénoncera tous comme de vils » brigands, comme de lâches aſſaſſins, » faits pour le meurtre & la rapine, » ſans foi, ſans pudeur, ſans pitié, in-» dignes du nom d'hommes & du nom de » Chrétiens! Y penſez-vous? Et de quel » droit dérober le crime au ſupplice? Cet » uſurpateur, ce tyran, ce parricide eſt » convaincu; il eſt jugé; pourquoi ne pas » exécuter la ſentence qui le condamne? » Qu'il meure; & tout eſt conſommé ».

L'atrocité de ce conſeil étonna les plus intrépides. Mais Valverde, ſans leur donner le temps de balancer: « Il y va, » leur dit-il, & de la vie & de l'honneur. » Il y va de bien plus, il y va de la

» gloire de la religion, des intérêts du » ciel; & le Dieu vengeur qui m'envoie, » vous défend de délibérer. Pizarre dort; » tout eſt tranquille; & Requelme, par » qui le procès eſt inſtruit, a droit de » voir Ataliba, de l'interroger à toute » heure; qu'il me faſſe ouvrir la priſon. » Je ne veux, avec lui & moi, que deux » hommes déterminés ».

L'importance du crime en fit ſurmonter l'horreur; & par un ſilence coupable on conſentit, en frémiſſant, à ce qu'on n'oſoit approuver. Alors, d'une voix radoucie, Valverde reprit la parole. « En ôtant la » vie à un Infidele, dit-il, ne perdons » pas de vue le ſoin de ſon ſalut. Je veux, » en le purifiant dans les eaux ſaintes du » Baptême, lui rendre à lui-même ſa » mort précieuſe autant qu'elle eſt juſte, » & ſanctifier l'homicide qui nous eſt » preſcrit par la loi ».

La famille d'Ataliba, les yeux épuiſés de larmes, & le cœur laſſé de ſanglots, dormoit alors autour de lui. Mais ce Prince, agité de funestes pressentimens, n'avoit pu fermer la paupiere. Il entend ouvrir sa prison. Il voit entrer Requelme, & avec lui trois hommes enveloppés de longs manteaux, qui ne laissent voir que leurs yeux, dont le regard lui semble atroce. Un mouvement d'effroi le saisit; il se leve; & surmontant cette foiblesse, il vient au-devant d'eux. « Inca, lui dit » Requelme, éloignons-nous; n'éveillons » point ces femmes & ces enfans. Il est » bien juste que l'innocence repose en » paix. Écoutez-nous. Vous êtes jugé, » condamné; le feu seroit votre supplice, » suivant la rigueur de la loi. Mais il » dépend de vous de vous sauver des » flammes; & cet homme religieux, que » vous allez entendre, vient vous en offrir » un moyen ».

Le Prince l'écoute, & pâlit. « Je sais, » dit-il, que le Conseil m'a jugé; mais » ne doit-on pas m'envoyer à la Cour » d'Espagne, & réserver à votre Roi » un droit qui n'appartient qu'à lui? » — Croyez-moi,

» — Croyez-moi, les momens ſont
» chers, pourſuivit Requelme : écoutez
» cet homme vertueux & ſage, qui
» s'intéreſſe à vos malheurs ». Valverde
alors prit la parole. « Ne voulez-vous
» point, lui dit-il, adorer le Dieu des
» Chrétiens ? — Aſſurément, dit le mal-
» heureux Prince, ſi ce Dieu, comme
» on nous l'annonce, eſt un Dieu bien-
» faiſant, un Dieu puiſſant & juſte, ſi
» la nature eſt ſon ouvrage, ſi le ſoleil
» lui-même eſt un de ſes bienfaits, je
» l'adore avec la nature. Quel ingrat,
» ou quel inſenſé peut lui refuſer ſon
» amour ? — Et vous deſirez d'être inſtruit,
» lui demande encore le perfide, des
» ſaintes vérités qu'il nous a révélées,
» de connoître ſon culte, & de ſuivre
» ſa loi ? — Je le deſire avec ardeur,
» répond l'Inca : je vous l'ai dit. Impa-
» tient d'ouvrir les yeux à la lumiere,
» que l'on m'éclaire, & je croirai. —
» Graces au ciel, reprit Valverde, le
» voilà diſpoſé comme je le ſouhaitois.

» Implorez-le donc à genoux, ce Dieu » de bonté, de clémence; & recevez » l'eau salutaire qui régénere ses enfans ». L'Inca, d'un esprit humble & d'une volonté docile, s'incline & reçoit à genoux l'eau sainte du baptême. « Le ciel est ouvert, dit Valverde, & les momens sont » précieux. » A l'instant il fait signe à ses deux satellites; & le lien fatal étouffe les derniers soupirs de l'Inca.

Ce fut par les cris lamentables de ses enfans & de leurs meres, que la nouvelle de sa mort se répandit au lever du jour. Quelques Espagnols en frémirent; mais la multitude applaudit à l'audace des assassins; & l'on crut faire assez que de laisser la vie aux femmes & aux enfans de ce malheureux Prince, abandonnés, dès ce moment, à la pitié des Indiens.

Pizarre, indigné, rebuté, las de lutter contre le crime, après avoir chargé de malédictions ces exécrables assassins & leurs partisans fanatiques, se retira dans la ville des Rois (*), qui commençoit à s'élever. La licence, le brigandage, la rapacité furieuse, le meurtre & le saccagement furent sans frein ; l'on ne vit plus, sur la surface de ce continent, que des peuplades d'Indiens tomber, en fuyant, dans les pieges & sous le fer des Espagnols. Des bords du Mexique arriva ce même Alvarado, cet ami de Cortès, ce fléau des deux Amériques. Rival des nouveaux conquérans, il vint se jeter sur leur proie, & s'assouvir d'or & de sang. Dans toute l'étendue de cet Empire immense, tout fut ravagé, dévasté. Une multitude innombrable d'Indiens fut égorgée ; presque tout le reste enchaîné, alla périr dans les creux des mines, & envia mille fois le sort de ceux qu'on avoit massacrés.

Enfin, quand ces loups dévorans se furent enivrés du carnage des Indiens, leur rage forcenée se tourna contre eux-mêmes. Le cri du sang d'Ataliba s'étoit

(*) Lima.

élevé jusqu'au ciel. Presque tous ceux qui avoient contribué au crime de sa mort, en porterent la peine; & tandis que les uns, pris par les Indiens dans des lieux écartés, expiroient sous le nœud fatal, les autres, justes une fois, s'égorgerent entr'eux. L'exécrable Valverde (*a*), en menant une bande de ces brigands à la poursuite des Indiens qui s'étoient sauvés dans les bois, tombe aux mains des Antropophages; & brûlé, déchiré vivant, dévoré par lambeaux avant que d'expirer, il meurt le blasphême à la bouche, dans la rage & le désespoir. Parjure & traître (*b*) envers Pizarre, Almagre fut puni du plus honteux supplice; & sa lâcheté mit le comble au juste opprobre de sa mort. Pizarre, dont le crime étoit d'avoir ouvert la barriere à tant de forfaits, Pizarre, trahi par les siens, mourut assassiné. Accablé sous le nombre, il succomba, mais en grand homme, qui dédaignoit la vie & qui bravoit la mort. La guerre, après lui, s'alluma entre ses rivaux & ſes freres. Cuſco, ſaccagée & déſerte, vit ſes plaines jonchées des corps de ſes tyrans. Les flots de l'Amazone furent rougis du ſang de ceux qu'elle avoit vus déſoler ſes rivages ; & le fanatiſme, entouré de maſſacres & de débris, aſſis ſur des monceaux de morts, promenant ſes regards ſur de vaſtes ruines, s'applaudit, & loua le ciel d'avoir couronné ſes travaux.

NOTES.

(*a*) L'EXÉCRABLE *Valverde*]. Ici la vérité feroit horreur; j'y ſubſtitue la juſtice.

(*b*) *Parjure & traître*]. Almagre avoit juré de nouveau, ſur une hoſtie conſacrée, de ne rien entreprendre ſur les droits de Pizarre, & ſa promeſſe avoit été énoncée en ces termes: *Seigneur, ſi je viole le ſerment que je fais ici, je veux que tu me confondes & que tu me puniſſes dans mon corps & dans mon ame.* Il fut parjure à ce ſerment.

FIN.

TABLE

DES CHAPITRES

DU SECOND VOLUME.

Fin de la Table.

APPROBATION.

J'AI lu, par ordre de Monſeigneur le Garde des Sceaux, un manuſcrit intitulé *les Incas*, ou *la deſtruction de l'Empire du Pérou* : & je n'y ai rien trouvé qui m'ait paru devoir en empêcher l'impreſſion. A Paris, le 24 Avril 1776.

COQUELEY DE CHAUSSEPIERRE.

PRIVILEGE DU ROI.

LOUIS, PAR LA GRACE DE DIEU, ROI DE FRANCE ET DE NAVARRE : A nos amés & féaux Conſeillers, les Gens tenans nos Cours de Parlement, Maîtres des Requêtes ordinaires de notre Hôtel, Grand-Conſeil, Prevôt de Paris, Baillifs, Sénéchaux, leurs Lieutenans Civils, & autres nos Juſticiers qu'il appartiendra : SALUT. Notre amé le ſieur *Marmontel* Nous a fait expoſer qu'il deſireroit faire imprimer & donner au Public un Ouvrage qui a pour titre : *Les Incas, ou la deſtruction de l'Empire du Pérou*, s'il Nous plaiſoit lui accorder nos Lettres de Privilege pour ce néceſſaires. A CES CAUSES, voulant favorablement traiter l'Expoſant, Nous lui avons permis & permettons par ces Préſentes, de faire imprimer ledit Ouvrage autant de fois que bon lui semblera, & de le vendre, faire vendre & débiter par tout notre Royaume, pendant le tems de dix années consécutives, à compter du jour de la date des Présentes. FAISONS défenses à tous Imprimeurs, Libraires & autres personnes, de quelque qualité & condition qu'elles soient, d'en introduire d'impression étrangere dans aucun lieu de notre obéissance : comme aussi d'imprimer, ou faire imprimer, vendre, faire vendre, débiter, ni contrefaire ledit Ouvrage, ni d'en faire aucuns Extraits, sous quelque prétexte que ce puisse être, sans la permission expresse & par écrit dudit Exposant, ou de ceux qui auront droit de lui, à peine de confiscation des Exemplaires contrefaits, de trois mille livres d'amende contre chacun des contrevenans, dont un tiers à Nous, un tiers à l'Hôtel-Dieu de Paris, & l'autre tiers audit Exposant, ou à celui qui aura droit de lui, & de tous dépens, dommages & intérêts; A LA CHARGE que ces Présentes seront enregistrées tout au long sur le Registre de la Communauté des Imprimeurs & Libraires de Paris, dans trois mois de la date d'icelles; que l'impression dudit Ouvrage sera faite dans notre Royaume, & non ailleurs, en beau papier & beaux caracteres, conformément aux Réglemens de la Librairie, & notamment à celui du 10 Avril 1725, à peine de déchéance du présent Privilege; qu'avant de l'exposer en vente, le Manuscrit qui aura servi de copie à l'impression dudit Ouvrage, sera remis dans le même état où l'Approbation y aura été donnée ; ès mains de notre très-cher & féal Chevalier, Garde des Sceaux de France, le Sieur HUE DE MIROMENIL ; qu'il en sera ensuite remis deux Exemplaires dans notre Bibliotheque publique, un dans celle de notre Château du Louvre, un dans celle de notre très-cher & féal Chancelier de France le Sieur DE MAUPEOU, & un dans celle dudit Sieur HUE DE MIROMENIL : le tout à peine de nullité des Présentes. Du contenu desquelles vous mandons & enjoignons de faire jouir ledit Exposant, & ses ayans cause, pleinement & paisiblement, sans souffrir qu'il leur soit fait aucun trouble ou empêchement. VOULONS que la copie des Présentes, qui sera imprimée tout au long au commencement ou à la fin dudit Ouvrage, soit tenue pour duement signifiée, & qu'aux copies collationnées par l'un de nos amés & féaux Conseillers Secrétaires, foi soit ajoutée comme à l'Original. COMMANDONS au premier notre Huissier ou Sergent sur ce requis, de faire pour l'exécution d'icelles, tous actes requis & nécessaires, sans demander autre permission, & nonobstant clameur de Haro, Charte Normande, & Lettres à ce contraires : CAR tel est notre plaisir. DONNÉ à Paris, le quinzieme jour du mois de Mai, l'an de grace mil sept cent soixante-seize, & de notre regne le troisieme. Par le Roi en son Conseil.

LEBEGUE.

Registré sur le Registre XX de la Chambre Royale & Syndicale des Libraires & Imprimeurs de Paris, N°. 230, *fol.* 154, *conformément au Réglement de* 1723, *qui fait défenses, article IV, à toutes personnes, de quelque qualité & condition qu'elles soient, autres que les Libraires & Imprimeurs, de vendre, débiter, faire afficher aucuns Livres pour les vendre en leurs noms, soit qu'ils s'en disent les Auteurs, ou autrement, & à la charge de fournir à la susdite Chambre huit Exemplaires prescrits par l'article CVIII du même Reglement. A Paris, ce* 22 *Mai* 1776.

LAMBERT, Adjoint.

De l'Imprimerie de STOUPE, rue de la Harpe.

www.ingramcontent.com/pod-product-compliance
Lightning Source LLC
LaVergne TN
LVHW020600110826
845149LV00002B/331

* 9 7 8 2 0 1 1 3 4 5 1 8 9 *